처음부터 배우는 경영학

처음부터 배우는

경영학

백광석 지음

다온길
Daon

프롤로그

경영학, 정말 내게 필요한 걸까?

"가게를 운영하는데, 매출이 생각만큼 오르지 않는다."

"팀을 맡게 되었지만, 어떻게 효과적으로 이끌어야 할지 막막하다."

"창업을 꿈꾸지만, 사업을 키우는 법을 모르겠다."

"경영학을 배우면 내 삶과 일에 어떤 변화가 생길까?"

직장에서 동료들과 차이를 느낄 때, 사업을 시작하고 싶은데 막막할 때, 혹은 회사를 운영하면서 고민이 많아질 때, 우리는 경영학의 필요성을 실감한다. "경영학은 CEO나 배우는 것 아니야?"라고 생각할 수도 있다. 하지만, 경영학은 단순히 기업 운영을 위한 것이 아니라 우리의 일상과 밀접하게 연결된 기술이다.

자영업을 하는 카페 사장, 성과가 고민인 팀장, 창업을 준비하는 스타트업 대표, 혹은 회사의 조직 구조를 이해하고 싶은 직장인까지. 누구나 경영을 고민하고, 배워야 하는 순간이 찾아온다. 이 책은 이런 고민에 답을 찾도록 돕기 위해 쓰였다.

이 책에서는 맥도날드, 애플, 테슬라, 스타벅스, 넷플릭스와 같은 성공한 기업들의 사례를 통해 그들이 어떤 전략을 사용했는지 살펴본다. 또한, 노키아, 전통시장, 실패한 스타트업들이 겪었던 문제를 분석하며, 기업이 생존하고 성장하기 위해 필요한 요소들을 배울 것이다.

경영학은 어렵고 복잡한 학문이 아니다. 배우고 익히면 누구나 활용할 수 있는 실전 기술이다. 그 시작은 시장과 기업을 이해하고, 변화에 적응하며, 전략적으로 사고하는 것에서 비롯된다.

이제, 경영학을 처음부터 제대로 배워보자.

백광석

차 례

3장
경영 전략과 계획 수립

4장

조직과 인적 자원 관리

5장

마케팅의 이해

6장

재무 관리와 회계

〈처음부터 배우는〉 시리즈

"처음부터 배우는" 시리즈는 특정 주제에 대해 막연한 두려움을 가진 초보자와 일반 독자들이 쉽고 명확하게 이해할 수 있도록 기획되었습니다. 처음 접하는 사람들에게 복잡하고 어려운 내용을 친숙하고 간단한 방식으로 풀어내어 학습에 대한 부담을 덜어주고자 했습니다. 이 시리즈는 누구나 쉽게 시작할 수 있도록 구성되었으며, 실생활에서 바로 활용할 수 있는 실용적인 지식과 팁을 제공하여 독자들이 자신감을 가질 수 있도록 돕습니다.

또한, "처음부터 배우는" 시리즈는 초보자들이 핵심 개념을 반복적으로 접하고 이해를 깊이 할 수 있도록 중복된 내용을 일부 포함하고 있습니다. 이는 같은 개념을 여러 번 강조하여 독자들이 중요한 포인트를 놓치지 않고, 핵심적인 내용을 확실히 숙지하도록 돕기 위한 의도입니다.

부제인 "일 잘하는 사람들의 비밀 노트"는 각 분야의 성공적인 사람들이 지식을 활용하고 문제를 해결해 나가는 방식을 비밀 노트처럼 쉽게 설명하고자 하는 의도를 담고 있습니다.

1장

경영학의 기초 이해

경영학이란 무엇인가?

경영학은 조직을 효과적으로 운영하는 방법을 연구하는 학문이다. 많은 사람들이 경영학을 대기업 CEO나 기업가들이 배우는 전공으로 생각하지만, 사실 경영학은 우리 일상과도 밀접한 관계가 있다. 회사에서 업무를 더 효율적으로 수행하고, 팀을 원활하게 운영하며, 사업을 성장시키는 과정에서 경영학은 필수적인 역할을 한다.

기업뿐만 아니라 작은 가게를 운영하는 사장, 성과를 고민하는 팀장, 스타트업 창업을 준비하는 사람, 혹은 회사의 운영 방식을 이해하고 싶은 직장인까지 누구나 경영을 고민하는 순간이 찾아온다. 경영을 안다는 것은 단순히 일을 잘하는 것을 넘어, 문제를 해결하고 지속적인 성장을 이루는 방법을 아는 것이다. 또한, 경영학은 단순한 이론이 아니라 실제 사례와 경험을 통해 발전해왔다. 기업이 처한 시장 환경, 고객의 변화, 새로운 기술의 도입 등에 따라 경영 전략은 끊임없이 변화하며, 이를 이해하고 활용하는 것이 중요하다.

경영학이 중요한 이유

경영학은 단순한 학문이 아니다. 조직이 효과적으로 운영되고, 기업이 성장하며, 개인이 더 나은 성과를 낼 수 있도록 돕는 실용적인 지식이다. 경영을 이해하면 더 나은 의사결정을 내리고, 변화하는 환경에 유연하게 대처할 수 있다.

자영업을 운영하는 카페 사장은 매출이 기대만큼 오르지 않는 이유를 고민하며, 마케팅과 고객 관리를 배우면 상황을 개선할 수 있다는 사실을 깨닫는다. 팀을 이끄는 리더는 조직 관리와 리더십을 배워 팀원들의 역량을 극대화하고, 직장인은 회사의 전략을 이해하면서 자신의 업무를 더 효과적으로 수행할 수 있다.

경영학을 배우면 기업이 시장에서 어떤 전략을 펼치고, 어떻게 경쟁력을 유지하며, 위기 상황에서 어떻게 대처하는지를 알게 된다. 스타벅스가 단순한 커피 브랜드가 아니라 '경험'을 판매하고, 넷플릭스가 DVD 대여점에서 글로벌 스트리밍 기업으로 성장한 과정에는 모두 경영 전략이 숨어 있다.

경영학의 주요 요소

경영학은 여러 분야를 포함하지만, 크게 네 가지 핵심 요소로 정리할 수 있다.

1. 경영 전략

기업이 경쟁에서 살아남고 성장하기 위해 목표를 설정하고 전략을 수립하는 과정이다. 어떤 고객을 대상으로, 어떤 제품을 만들고, 어떤 차별화된 가치를 제공할 것인지가 중요한 핵심이 된다. 테슬라는 단순히 전기차를 판매하는 것이 아니라, 지속 가능한 에너지 산업을 선도하는 기업으로 자리 잡으면서 독보적인 시장을 만들어 냈다.

2. 조직 관리와 리더십

사람들이 모여 일하는 조직에서는 어떻게 협력하고, 어떻게 동기부여하며, 어떻게 성과를 높일 것인지가 중요하다. 구글과 넷플릭스는 창의적인 조직 문화를 바탕으로 직원들의 능력을 극대화하며, 애플과 같은 기업은 강한 리더십을 바탕으로 혁신을 이끌어낸다. 좋은 조직 관리와 리더십이 뒷받침되지 않으면, 훌륭한 제품과 기술이 있어도 성공하기 어렵다.

3. 마케팅과 고객 관리

아무리 좋은 제품이라도 소비자에게 제대로 전달되지 않으면 팔리지 않는다. 마케팅은 소비자의 관심을 끌고, 브랜드를 구축하며, 제품과 서비스를 효과적으로 홍보하는 과정이다. 애플이 단순한 스마트폰 제조사가 아니라, 브랜드 충성도가 높은 기업이 된 이유도 마케팅 전략 덕분이다. 브랜드 가치를 강조하고, 고객 경험을 설계하며, 감성적인 요소를 활용한 것이 핵심이다.

4. 재무 관리와 회계

기업이 지속적으로 운영되려면 수익성을 유지하고 재무 상태를 잘 관리해야 한다. 테슬라는 초기 몇 년 동안 적자를 기록했지만, 장기적인 투자 전략을 통해 자금을 확보하고 성장했다. 반면, 자금 조달에 실패한 많은 스타트업들은 시장에서 사라졌다. 돈의 흐름을 이해하고, 장기적인 계획을 세우는 것은 기업의 생존에 필수적인 요소다.

경영학을 배우면 무엇이 달라질까?

경영학을 배우면 단순히 일을 하는 것이 아니라, 더 효과적으로 일하는 방법을 알게 된다. 문제를 해결하는 능력이 향상되고, 조직의 구조를 이해하며, 전략적인 사고를 하게 된다.

스타트업 창업자는 고객 분석을 통해 효과적인 마케팅 전략을 수립하고, 직장인은 조직 내에서 자신의 역할과 성장 방향을 명확히 하며, 자영업자는 비용 절감과 매출 증대를 위한 전략을 고민할 수 있다. 경영학은 개인과 조직의 성장에 실질적인 도움을 주는 도구다.

경영학, 누구에게나 필요하다

경영학은 대기업 CEO만을 위한 것이 아니다. 조직을 운영하는 사람뿐만 아니라, 팀에서 협업하는 사람, 사업을 시작하려는 사람, 회사의 운영 방식을 더 잘 이해하고 싶은 사람에게도 필요한 실용적인 지식이다.

경영 전략을 배우면 목표를 설정하고 실행할 수 있고, 조직 관리를 배우면 팀워크와 리더십을 향상시킬 수 있다. 마케팅을 배우면 소비자의 니즈를 파악하고 효과적으로 제품을 홍보할 수 있으며, 재무 관리를 배우면 기업의 성장 가능성을 분석하고 장기적인 계획을 세울 수 있다.

경영학을 배운다는 것은 단순한 학문적 지식을 쌓는 것이 아니라, 더 나은 성과를 내고, 더 효과적으로 목표를 달성하며, 변화하는 시장에서 살아남는 법을 배우는 것이다.

경영자의 리더십과 의사결정

경영자는 조직의 방향을 설정하고 목표를 달성할 수 있도록 이끄는 역할을 한다. 조직의 성장과 성공은 경영자의 리더십과 의사결정에 크게 좌우된다. 리더십이란 단순히 권한을 행사하는 것이 아니라, 조직 구성원들이 자발적으로 목표를 향해 나아갈 수 있도록 동기를 부여하고 효과적으로 협력할 수 있도록 돕는 과정이다.

조직이 작은 규모일 때는 경영자가 직접 대부분의 결정을 내릴 수 있지만, 조직이 커질수록 효과적인 리더십과 적절한 의사결정 프로세스를 갖추는 것이 중요해진다. 훌륭한 경영자는 구성원들의 역량을 극대화하고, 팀워크를 강화하며, 위기 상황에서도 신속하고 합리적인 판단을 내릴 수 있어야 한다.

리더십의 역할과 중요성

리더십은 조직이 목표를 달성하는 과정에서 가장 중요한 요소 중 하나다. 효과적인 리더십이 없으면 조직은 방향을 잃고 혼란에 빠질 수 있다. 특히 빠르게 변화하는 시장 환경에서는 경영자의 역할이 더욱 중요해진다.

리더십이 중요한 이유는 다음과 같다.

첫째, 조직의 비전을 설정하고 공유하는 역할을 한다.

조직이 나아가야 할 방향을 명확히 설정하고, 이를 구성원들에게 전달하는 것이 리더의 중요한 역할이다. 기업의 성장을 위해서는 단순히 제품과 서비스를 제공하는 것을 넘어, 조직 전체가 동일한 목표를 공유하고 함께 나아가야 한다.

둘째, 조직 구성원의 동기 부여와 성장을 돕는다.

리더십이 뛰어난 경영자는 구성원들이 스스로 목표를 설정하고 도전할 수 있도록 동기를 부여한다. 조직에서 사람들이 자신의 역량을 최대한 발휘할 수 있도록 돕는 것이 좋은 리더의 역할이다.

셋째, 위기 상황에서 침착하고 효과적인 결정을 내린다.

조직이 위기에 처했을 때, 경영자의 리더십은 더욱 중요해진다. 급격한 변화 속에서 신속하고 정확한 결정을 내리는 능력은 기업의 생존과 직결된다. 글로벌 금융위기 때 많은 기업이 도산한 반면, 변화에 빠르게 대응한 기업들은 오히려 새로운 성장 기회를 찾기도 했다.

넷째, 조직 문화와 가치를 형성한다.

조직의 문화는 경영자의 리더십에 따라 크게 달라진다. 수평적인 문화를 강조하는 리더는 직원들에게 자율성을 부여하고 창의적인 아이디어를 장려하지만, 위계질서를 중요하게 생각하는 리더는 보다 체계적이고 엄격한 조직을 운영한다.

리더십의 유형과 특징

리더십은 조직의 특성과 경영자의 성향에 따라 다양한 방식으로 나타난다. 대표적인 리더십 유형은 다음과 같다.

1. 카리스마형 리더십

강한 비전과 목표를 가지고 조직을 이끄는 유형의 리더십이다. 구성원들에게 강한 동기 부여를 할 수 있지만, 때로는 독단적인 의사결정으로 이어질 위험도 있다. 대표적인 사례로는 애플의 창업자 스티브 잡스가 있다. 그는 제품 혁신과 브랜드 가치를 강조하며 애플을 세계적인 기업으로 성장시켰다.

2. 민주적 리더십

팀원들의 의견을 적극적으로 반영하며 조직을 운영하는 방식이다. 구성원들과 협력하여 의사결정을 내리며, 조직 내 커뮤니케이션을 강조한다. 대표적인 예로는 구글과 넷플릭스가 있다. 이들은 직원들의 창의성을 존중하며 자유로운 업무 환경을 조성하는 기업 문화로 유명하다.

3. 서번트 리더십

리더가 조직을 이끄는 것이 아니라, 팀원들을 지원하는 방식의 리더십이다. 직원들의 만족도를 높이고 장기적인 성장을 추구하는 전략을 사용한다. 스타벅스의 전 CEO 하워드 슐츠는 직원들을 '파트너'라고 부르며, 직원 복지와 근무 환경 개선을 우선순위로 두었다.

4. 독재형 리더십

리더가 강한 통제력을 가지고 조직을 운영하는 방식이다. 빠른 의사결정을 내릴 수 있는 장점이 있지만, 팀원들의 창의성을 제한할 수 있다.

각 조직의 특성과 경영 환경에 따라 적절한 리더십 스타일을 선택하는 것이 중요하다.

의사결정의 중요성과 과정

리더십의 핵심 역할 중 하나는 효과적인 의사결정을 내리는 것이다. 경영자가 올바른 결정을 내리지 못하면 조직 전체가 혼란에 빠질 수 있다.

의사결정 과정은 다음과 같이 구성된다.

1. **문제 정의** - 해결해야 할 문제가 무엇인지 명확히 파악한다.
2. **정보 수집** - 관련 데이터를 분석하고, 다양한 관점에서 정보를 검토한다.
3. **대안 분석** - 가능한 해결책을 비교하고, 장단점을 평가한다.
4. **결정 실행** - 최선의 선택을 하고, 실행에 옮긴다.
5. **결과 평가** - 결정이 긍정적인 결과를 가져왔는지 확인하고, 필요하면 수정한다.

의사결정은 단순한 판단이 아니라, 신중한 분석과 전략적인 사고를 필요로 한다.

성공적인 의사결정 사례 vs. 실패한 사례

1. **성공 사례** - 넷플릭스는 초기 DVD 대여 서비스에서 스트리밍 사업으로 신속하게 전환하며 시장을 선점했다. 이는 빠르게 변화하는 기술 환경을 인식하고, 적절한 결정을 내린 결과였다.

2. **실패 사례** - 노키아는 스마트폰 시장의 변화를 과소평가하면서 뒤처졌고, 결국 시장에서 사라졌다. 애플과 삼성은 터치스크린 스마트폰을 출시하며 혁신을 이루었지만, 노키아는 기존 키패드 방식에 집착하며 변화에 적응하지 못했다.

경영자는 이러한 사례를 참고하여 조직이 올바른 방향으로 나아갈 수 있도록 전략적인 의사결정을 내려야 한다.

좋은 리더가 되기 위한 핵심 원칙

1. **명확한 비전 설정** - 조직이 어디로 가야 하는지 명확한 방향을 제시해야 한다.
2. **팀원들의 의견을 존중** - 다양한 관점을 듣고, 최선의 결정을 내리는 것이 중요하다.
3. **끊임없는 학습과 성장** - 리더십은 지속적으로 개발할 수 있는 능력이다.
4. **위기 상황에서도 냉정함 유지** - 감정적으로 대응하지 않고, 합리적인 결정을 내리는 것이 중요하다.

리더십과 의사결정은 경영자가 가장 신경 써야 할 요소 중 하나다. 조직을 성공적으로 운영하기 위해서는 적절한 리더십을 발휘하고, 신속하고 정확한 의사결정을 내리는 것이 필수적이다.

좋은 리더는 조직의 성공을 이끌며, 나쁜 리더는 조직을 혼란에 빠뜨린다. 경영학을 배우는 과정에서 리더십과 의사결정 능력을 키우는 것은 매우 중요한 과정이다. 이를 통해 경영자는 조직을 더욱 효율적으로 운영하고, 지속적인 성장을 이끌어낼 수 있다.

03

경영 환경과 이해관계자

기업은 단순히 제품을 생산하고 서비스를 제공하는 조직이 아니다. 기업이 성장하고 지속적으로 운영되기 위해서는 다양한 외부 요인을 고려해야 하며, 여러 이해관계자들의 요구도 충족해야 한다. 기업을 둘러싼 환경이 변화하면 경영 전략도 이에 맞춰 조정되어야 하며, 기업이 관계를 맺고 있는 이해관계자들의 기대를 충족시키지 못하면 장기적인 성장을 이루기 어렵다. 따라서 경영 환경과 이해관계자를 이해하는 것은 성공적인 경영을 위한 필수 요소다.

경영 환경은 기업이 속한 시장, 소비자의 행동, 기술 발전, 법적 규제 등 다양한 요소를 포함하며, 이를 분석하는 것은 기업의 전략 수립에 중요한 역할을 한다. 또한, 기업이 영향을 주고받는 이해관계자들은 고객, 직원, 투자자, 정부, 지역사회 등 다양한 집단으로 구성되어 있으며, 이들의 요구를 어떻게 반영하느냐에 따라 기업의 지속 가능성이 결정된다. 기업은 단독으로 존재하는 것이 아니라, 복잡한 네트워크 속에서 운영되며 다양한 요소들과 상호작용한다.

경영 환경의 개념과 중요성

경영 환경은 기업이 사업을 운영하는 데 영향을 미치는 모든 외부적-내부적 요소를 포함한다. 기업이 처한 환경이 변하면, 그에 따라 경영 전략도 달라져야 한다. 예를 들어, 스마트폰 시장이 빠르게 변화하면서 노키아는 변화에 적응하지 못하고 쇠퇴한 반면, 애플과 삼성은 시장 변화에 맞춰 혁신적인 제품을 지속적으로 출시하며 시장을 장악했다.

경영 환경은 크게 내부 환경과 외부 환경으로 나눌 수 있다.

내부 환경 - 기업 내부의 경영 요소

기업 내부 환경은 조직 운영 방식, 인적 자원, 재무 상태 등 기업 내부에서 발생하는 모든 요소를 포함한다. 내부 환경이 정비된 기업은 변화하는 시장에서도 경쟁력을 유지할 수 있으며, 내부 환경이 불안정한 기업은 외부 변화에 제대로 대응하기 어렵다.

1. **조직 문화** - 기업의 가치관, 업무 방식, 의사소통 방식 등
2. **리더십** - 경영진의 경영 스타일과 조직 운영 방식
3. **인적 자원** - 직원들의 역량과 조직 내 협업 구조

4. **재무 상태** - 기업의 자금 흐름과 재정 건전성

내부 환경이 안정적이고 조직 문화가 잘 정립된 기업은 위기 상황에서도 빠르게 대응할 수 있다. 예를 들어, 스타벅스는 직원들을 '파트너'라고 부르며 복지와 근무 환경을 개선하는 데 집중했으며, 이를 통해 브랜드 충성도를 높이고 장기적인 성장 기반을 마련했다.

외부 환경 - 기업을 둘러싼 시장과 사회의 변화

외부 환경은 기업이 직접 통제할 수 없는 요소이지만, 이를 분석하고 대비하는 것이 경영 전략의 핵심이다. 외부 환경은 크게 경제, 기술, 사회-문화, 정치-법률 환경으로 나눌 수 있다.

1. **경제 환경** - 경기 변화, 소비자의 구매력, 환율 변화 등이 기업의 경영에 미치는 영향
2. **기술 환경** - 신기술의 등장, 디지털 혁신, 자동화 기술 발전
3. **사회-문화 환경** - 소비자 트렌드 변화, 윤리적 소비, 친환경 제품 수요 증가
4. **정치-법률 환경** - 정부 규제, 세금 정책, 노동법 변화

기업이 이러한 환경적 요인들을 고려하지 않으면 시장에서 도태될 가능성이 크다. 예를 들어, 넷플릭스는 DVD 대여 시장에서 디지털 스트리밍으로 전환하면서 새로운 기술 환경에 빠르게 적응했고,

그 결과 글로벌 미디어 시장을 선도하는 기업이 되었다. 반면, 기존 DVD 대여 업체들은 변화에 적응하지 못해 사라졌다.

이해관계자와 기업의 관계

기업이 지속적으로 성장하기 위해서는 다양한 이해관계자들과의 관계를 효과적으로 관리해야 한다. 이해관계자는 기업의 운영과 의사결정에 영향을 미치는 모든 사람과 조직을 의미하며, 기업이 사회적 책임을 다하고 이들의 기대를 충족하지 못하면 장기적인 신뢰를 유지하기 어렵다.

기업과 주요 이해관계자

1. **고객** - 기업의 제품과 서비스를 구매하는 소비자로, 만족도를 높이는 것이 최우선 과제
2. **직원** - 기업 내부에서 일하며 조직의 성과에 직접적인 영향을 미치는 핵심 요소
3. **투자자** - 기업의 자금을 지원하며 장기적인 성장 가능성을 평가하는 주체
4. **정부** - 법과 규제를 관리하며 기업이 윤리적인 방식으로 운영되는지를 감시
5. **지역사회** - 기업이 사회적 책임을 다해야 하는 공동체

기업이 이해관계자들의 요구를 무시하면 장기적으로 신뢰를 잃고, 시장에서 경쟁력이 약화될 수 있다.

기업이 경영 환경과 이해관계자를 고려해야 하는 이유

기업이 성공적으로 운영되기 위해서는 내부 환경을 개선하고, 외부 환경을 분석하며, 다양한 이해관계자들과의 관계를 전략적으로 조율해야 한다. 이러한 과정이 없다면 기업은 지속적인 성장을 이루기 어렵다.

1. 변화하는 시장 환경에 적응하기 위해

경영 환경은 끊임없이 변화하며, 기업은 이에 맞춰 전략을 수정해야 한다. 소비자의 취향 변화, 새로운 경쟁자의 등장, 기술 혁신은 기업의 경영 방식에 영향을 미친다. 예를 들어, 최근 소비자들은 친환경 제품을 선호하는 경향이 강해졌으며, 이에 따라 많은 기업들이 지속 가능한 경영 전략을 도입하고 있다.

2. 이해관계자의 신뢰를 유지하기 위해

기업은 고객, 직원, 투자자, 정부, 지역사회 등 다양한 이해관계자들의 요구를 고려해야 한다. 고객의 신뢰를 얻지 못하는 기업은 장기적으로 성장하기 어렵고, 직원들이 만족하지 못하는 기업은 생산성이 저하될 수 있다.

3. 경쟁력을 확보하고 지속 가능한 성장을 이루기 위해

경영 환경과 이해관계자를 고려하는 기업은 시장에서 경쟁력을 확보할 수 있다. 기업이 사회적 가치를 창출하고, 윤리적 경영을 실천하며, 변화에 빠르게 적응하는 능력을 갖춘다면 장기적으로 성공할 가능성이 높아진다.

기업은 환경과 함께 변화해야 한다

기업은 단순히 제품을 생산하고 판매하는 조직이 아니라, 끊임없이 변화하는 경영 환경 속에서 생존하고 성장하기 위해 전략적으로 대응해야 한다. 또한, 기업은 고객, 직원, 투자자, 정부 등 다양한 이해관계자들과 상호작용하며, 그들의 요구를 충족하는 것이 중요하다.

- 내부 환경을 관리하면 조직의 경쟁력을 높일 수 있다.
- 외부 환경을 분석하면 시장 변화에 빠르게 대응할 수 있다.
- 이해관계자들과의 관계를 조율하면 기업의 지속 가능성을 높일 수 있다.

경영 환경과 이해관계자를 고려하는 기업만이 변화하는 시대 속에서 살아남고 성장할 수 있다. 기업이 지속적으로 변화하고 혁신해야 하는 이유가 바로 여기에 있다.

경영 이론의 역사와 주요 개념

경영은 단순히 회사를 운영하는 기술이 아니라, 인간과 조직이 어떻게 협력하고 성과를 극대화할 수 있는지에 대한 연구다. 경영이론은 시대에 따라 변화해 왔으며, 새로운 기술과 경제 환경에 맞춰 발전해 왔다. 오늘날 우리가 사용하는 많은 경영 기법들은 오랜 연구와 시행착오를 거쳐 발전한 결과물이다.

경영이론의 역사를 이해하면, 기업이 어떤 원리를 기반으로 운영되는지, 그리고 변화하는 시대에 맞춰 경영 전략이 어떻게 변화해야 하는지를 파악할 수 있다. 경영이론은 단순한 학문이 아니라, 실제 기업 운영에 적용되는 실용적인 지침이 된다. 이를 이해하면 더 나은 의사결정을 내릴 수 있고, 조직을 더욱 효율적으로 운영할 수 있다.

경영 이론의 발전 과정

경영이론은 산업혁명 이후 본격적으로 발전하기 시작했다. 과거에는 단순히 노동을 관리하는 방식이었지만, 점차 과학적인 연구를 바탕으로 효율적인 조직 운영 방식이 정립되었다. 경영이론의 발전 과정을 살펴보면, 시대에 따라 기업 운영 방식이 어떻게 변화했는지를 이해할 수 있다.

1. 과학적 관리론(Scientific Management, 1900년대 초반)

과학적 관리론은 '최대한 효율적으로 일하는 방법'을 연구한 이론이다. 미국의 엔지니어인 프레데릭 테일러(Frederick Taylor)가 개발한 개념으로, 노동 생산성을 높이기 위해 작업 방식을 표준화하고, 가장 효과적인 방법을 찾는 데 집중했다.

예를 들어, 테일러는 철강 공장에서 노동자들이 삽질하는 방식을 분석하여 가장 효율적인 삽 크기를 설계했다. 그 결과, 노동자의 피로를 줄이고 생산성을 극대화할 수 있었다. 이는 현대의 '작업 프로세스 개선'과 '표준화된 매뉴얼' 개념의 기초가 되었다.

하지만, 과학적 관리론은 노동자를 단순한 기계처럼 대하는 경향이 있어 인간적인 요소를 고려하지 않았다는 비판을 받기도 했다.

2. 인간관계론(Human Relations Theory, 1930년대~1950년대)

과학적 관리론이 노동자의 생산성을 높이는 데 집중했다면, 인간

관계론은 '사람이 동기부여를 받으면 더 열심히 일한다'는 점을 강조했다.

하버드대 교수였던 엘튼 메이요(Elton Mayo)는 공장에서 진행된 호손 연구(Hawthorne Studies)를 통해 중요한 사실을 발견했다. 조명의 밝기, 근무 환경 등을 바꿔가며 실험을 했는데, 노동자들은 환경이 좋아져서가 아니라 자신들이 연구 대상이 된다는 관심을 받자 생산성이 높아졌다.

이 연구 결과는 '직원들의 동기부여가 생산성을 결정하는 중요한 요소'라는 사실을 알려주었고, 이후 많은 기업들이 직원의 복지와 근무 환경을 개선하기 시작했다. 오늘날의 기업 문화, 동기부여 이론, 팀워크 강화 전략 등이 여기서 비롯되었다.

3. 시스템 이론(Systems Theory, 1950년대~1970년대)

기업을 단순한 생산 조직으로 보지 않고, 하나의 유기적인 시스템으로 이해하는 접근법이다. 이 이론에 따르면, 기업은 내부 환경(직원, 경영진, 자원)과 외부 환경(시장, 경쟁, 경제 상황)의 영향을 받으며 운영된다.

예를 들어, 기업이 좋은 제품을 생산해도 소비자의 선호가 변하거나, 경제 상황이 나빠지면 매출이 감소할 수 있다. 따라서 기업은 내부 요소뿐만 아니라 외부 환경도 고려해야 한다. 오늘날의 경영 전략, 시장 분석, SWOT 분석 등의 개념이 시스템 이론에서 비롯되었다.

4. 상황적합 이론(Contingency Theory, 1970년대 이후)

경영 방식은 기업의 환경과 상황에 따라 다르게 적용되어야 한다는 개념이다. 이전의 경영 이론들은 '가장 좋은 방식은 하나뿐이다'라고 주장했지만, 상황적합 이론은 모든 조직이 처한 환경이 다르기 때문에, 최적의 경영 방식도 다를 수 있다고 보았다.

예를 들어, 스타트업 기업은 빠른 의사결정을 위해 수평적인 조직 문화를 만들지만, 대기업은 규모가 크기 때문에 보다 체계적인 의사결정 구조가 필요하다. 기업의 특성과 시장 환경에 맞는 경영 전략을 선택하는 것이 중요하다는 점에서, 오늘날의 맞춤형 리더십, 애자일 조직, 유연한 경영 전략 등이 이 개념과 연결된다.

주요 경영 개념과 오늘날의 적용

경영 이론은 시간이 지나면서 계속 발전해왔고, 오늘날 기업들은 다양한 경영 개념을 조합해 최적의 전략을 만든다. 다음은 현대 경영학에서 중요한 개념들이다.

1. 리더십과 조직 문화

- 과거에는 강한 카리스마를 가진 경영자가 기업을 이끌었지만, 오늘날에는 민주적 리더십과 조직 문화가 중요해졌다.
- 구글, 넷플릭스 등은 자율적인 조직 문화를 강조하며 창의성을 극대화하는 전략을 사용하고 있다.

2. 마케팅과 고객 중심 경영

- 예전에는 좋은 제품을 만들면 팔린다는 생각이 많았지만, 이제는 소비자의 요구와 트렌드를 반영한 마케팅 전략이 필수적이다.
- 애플은 단순한 제품 판매가 아니라, 브랜드 경험을 중요하게 생각하며 충성 고객을 확보하고 있다.

3. 디지털 혁신과 애자일 경영

- 과거의 경영 방식은 장기적인 계획을 수립하고 운영하는 것이 일반적이었지만, 오늘날의 기업들은 빠르게 변화하는 시장에 대응하기 위해 애자일(Agile) 경영을 도입하고 있다.
- 스타트업들은 시장 반응을 즉각적으로 반영해 제품을 개선하는 방식을 사용하며, 이는 넷플릭스, 우버, 테슬라 같은 혁신적인 기업들이 성공한 주요 원인 중 하나다.

경영 이론의 발전이 주는 시사점

경영이론은 단순한 학문이 아니라, 실제 기업 운영에 활용되는 실용적인 지침이다. 이론이 발전함에 따라 기업의 운영 방식도 변해 왔으며, 각 시대에 맞는 전략이 필요하다는 점을 시사한다.

1. 기업은 시대 변화에 맞춰 유연하게 대응해야 한다.

과거에는 효율성이 중요했다면, 지금은 창의성과 유연성이 중요하다.

2. 사람 중심의 경영이 중요하다.

직원의 동기부여와 기업 문화가 성과에 중요한 영향을 미친다.

3. 환경 변화에 빠르게 적응하는 기업이 살아남는다.

기술 혁신과 소비자 트렌드 변화를 읽고 신속하게 대응해야 한다.

경영 이론을 배우는 이유

경영 이론의 역사는 기업 운영 방식이 어떻게 발전해 왔는지를 보여준다. 초기에는 효율성과 생산성이 중요했다면, 이제는 유연한 조직 문화와 빠른 의사결정이 중요한 시대다.

오늘날의 경영 환경은 더욱 복잡하고 빠르게 변화하고 있다. 기업이 성공하려면, 다양한 경영 이론을 바탕으로 자신만의 최적의 전략을 수립해야 한다. 경영학은 단순한 이론이 아니라, 실무에서 활용할 수 있는 강력한 도구라는 점을 기억해야 한다.

현대 경영학에서 중요하게 다루는 핵심 트렌드

경영학은 시대의 변화에 따라 계속해서 발전해왔다. 과거에는 기업의 생산성과 효율성을 높이는 것이 가장 중요한 목표였다면, 오늘날의 경영은 빠르게 변화하는 시장과 기술에 적응하고, 지속 가능한 성장을 이루는 것이 핵심이다. 기업은 고객의 요구를 이해하고, 직원들이 최고의 성과를 낼 수 있는 환경을 조성하며, 사회적 책임을 다하는 방향으로 변화하고 있다.

디지털 기술의 발전, 글로벌 경제의 변화, 지속 가능성에 대한 관심 증가 등 다양한 요인이 현대 경영의 방향을 결정하고 있다. 기업이 경쟁력을 유지하기 위해 반드시 주목해야 하는 현대 경영학의 핵심 트렌드들을 살펴보자.

디지털 트랜스포메이션

과거의 기업 운영 방식은 서류와 대면 회의를 중심으로 이루어졌지만, 이제는 디지털 기술이 필수적인 요소가 되었다. 디지털 트랜스포메이션(Digital Transformation)이란 기업이 디지털 기술을 활용해 비즈니스 모델을 혁신하고, 업무 프로세스를 최적화하며, 고객 경험을 향상시키는 과정을 의미한다.

1. 기업 운영 방식의 변화

디지털 기술이 도입되면서 기업의 운영 방식이 급격히 변화했다. 예를 들어, 클라우드 컴퓨팅과 원격 근무 시스템 덕분에 기업들은 사무실 없이도 운영이 가능해졌다. 코로나19 팬데믹 이후 많은 기업들이 재택근무 시스템을 도입하면서 업무 효율성과 유연성이 중요해졌다.

2. 고객 경험 혁신

온라인 쇼핑이 증가하면서 고객 경험의 중요성이 더욱 커졌다. 예를 들어, 아마존은 고객의 구매 패턴을 분석해 개인 맞춤형 추천 시스템을 제공하며, 넷플릭스는 사용자의 시청 기록을 분석해 최적의 콘텐츠를 추천한다. 이러한 데이터 기반 경영은 기업의 성장에 핵심적인 역할을 하고 있다.

3. 자동화와 인공지능(AI)의 활용

AI와 자동화 기술이 발전하면서 기업들은 인건비를 절감하고, 업무 효율성을 극대화할 수 있는 시스템을 도입하고 있다. 예를 들어, 챗봇을 활용한 고객 서비스, AI 기반의 데이터 분석, 로봇을 활용한 생산 공정 자동화 등이 대표적인 사례다.

ESG 경영과 지속 가능성

최근 기업들은 단순히 이윤을 추구하는 것이 아니라, 사회적 책임을 다하고 환경을 고려하는 방향으로 변화하고 있다. ESG(Environment, Social, Governance) 경영은 환경(Environment), 사회적 책임(Social), 지배구조(Governance)를 고려하여 기업을 운영하는 방식을 의미한다.

1. 환경(Environment)

기후 변화와 환경 문제가 중요해지면서 기업들은 친환경 경영을 필수적으로 고려해야 한다. 예를 들어, 테슬라는 전기차 시장을 선도하며 화석 연료 사용을 줄이는 데 앞장서고 있다. 또한, 애플과 마이크로소프트는 탄소 배출을 줄이기 위한 '탄소 중립(carbon neutrality)' 목표를 세우고 있다.

2. 사회적 책임(Social Responsibility)

기업의 역할이 단순히 돈을 버는 것이 아니라, 사회적 가치를 창출하는 것이라는 인식이 확산되고 있다. 스타벅스는 공정 무역 원두를 사용하고, 직원 복지를 강화하며, 기업의 사회적 책임을 다하기 위한 다양한 활동을 진행하고 있다.

3. 윤리적 경영과 투명한 지배구조(Governance)

기업 운영에서 윤리적인 의사결정과 투명한 지배구조가 중요해지고 있다. 특히, 투자자들은 기업의 재무 성과뿐만 아니라 윤리적 경영과 지속 가능성까지 고려하여 투자 결정을 내린다. 최근 글로벌 기업들은 내부 감사 시스템을 강화하고, 기업 운영의 투명성을 높이는 데 집중하고 있다.

고객 중심 경영과 개인화

현대 경영학에서 가장 중요한 변화 중 하나는 고객 중심 경영(Customer-Centric Management)이다. 과거에는 기업이 제품을 만들고 고객이 이를 소비하는 방식이었지만, 이제는 고객의 요구를 먼저 파악하고, 이에 맞춘 제품과 서비스를 제공하는 것이 핵심 전략이 되었다.

1. 개인 맞춤형 서비스(Personalization)

AI와 빅데이터 기술의 발전으로 기업들은 고객의 행동을 분석하고, 개별 고객에게 맞춘 서비스를 제공할 수 있게 되었다. 예를 들어,

넷플릭스는 사용자의 시청 패턴을 분석하여 개인 맞춤형 콘텐츠를 추천하고, 이케아는 고객이 원하는 가구 스타일을 분석해 맞춤형 인테리어 디자인을 제안한다.

2. 고객 경험 최적화(Customer Experience Optimization)

고객 경험이 곧 기업의 경쟁력으로 이어지는 시대가 되었다. 예를 들어, 애플의 제품들은 기능뿐만 아니라 디자인과 사용자 경험 UX/UI 까지 고려하여 설계된다. 이는 단순한 제품 판매가 아니라 브랜드 충성도를 높이는 전략이다.

애자일 경영과 빠른 의사결정

전통적인 경영 방식은 장기적인 계획을 세우고 이를 실행하는 방식이었다. 하지만 오늘날의 시장은 급변하고 있기 때문에 빠르게 변화하는 환경에 적응할 수 있는 애자일(Agile) 경영이 필수적이다.

1. 애자일 조직 운영

애자일 경영은 짧은 주기로 업무를 평가하고, 빠르게 의사결정을 내리는 방식을 의미한다. 전통적인 방식이 '계획 후 실행'이었다면, 애자일 경영은 '실행 후 개선'에 초점을 맞춘다.

예를 들어, IT 업계에서는 새로운 소프트웨어를 한 번에 완성하기보다는, 빠르게 개발하고 사용자 피드백을 반영하여 지속적으로 개선하는 방식을 사용한다. 이는 스타트업뿐만 아니라 대기업에서도 점점 더 중요해지고 있다.

2. 유연한 업무 방식과 조직 문화

기업들은 더 이상 수직적인 조직 구조보다는, 자율성과 협업을 강조하는 방향으로 변화하고 있다. 예를 들어, 구글과 마이크로소프트는 직원들이 창의적으로 일할 수 있도록 유연 근무제를 도입하고, 업무 효율성을 극대화하는 조직 문화를 조성하고 있다.

현대 경영학이 강조하는 방향

기업이 성공하기 위해서는 단순히 좋은 제품을 만드는 것뿐만 아니라, 변화하는 시장과 소비자의 요구를 반영해야 한다. 현대 경영학에서는 디지털 기술, 지속 가능성, 고객 중심 전략, 빠른 의사결정을 핵심 요소로 강조하고 있으며, 이를 적절히 활용하는 기업만이 지속적인 성장을 이룰 수 있다.

- 디지털 기술을 활용하여 기업 운영을 최적화하고, 시장 변화에 빠르게 대응해야 한다.
- 환경 보호와 사회적 책임을 다하는 ESG 경영이 기업의 필수 요소가 되었다.
- 고객 중심 경영을 통해 맞춤형 서비스를 제공하고, 브랜드 충성도를 높이는 것이 중요하다.

- 애자일 경영 방식을 도입하여 변화에 신속하게 적응하고, 빠르게 의사결정을 내릴 수 있어야 한다.

기업이 이러한 경영 트렌드를 이해하고 실행한다면, 빠르게 변화하는 시대에서도 경쟁력을 유지하며 지속 가능한 성장을 이룰 수 있을 것이다.

실전 경영 사례와 함께 배우는 전략

01

스타트업 대표가 된 카페 사장님

카페를 운영하는 것은 단순히 커피를 판매하는 일이 아니다. 매출을 올리고, 고객을 관리하며, 직원들과 협업하는 등 경영의 모든 요소가 포함된다. 요즘은 카페 창업을 스타트업처럼 운영하는 사례가 많아지고 있다. 커피 한 잔을 팔더라도 브랜드를 만들고, 고객 데이터를 분석하며, 새로운 마케팅 전략을 시도하는 것이 중요한 시대가 되었다.

카페를 창업한 사장님은 단순히 바리스타 역할만 하는 것이 아니다. 제품 기획, 원가 관리, 고객 서비스, 마케팅, 인적 자원 관리까지 모든 것을 신경 써야 한다. 작은 카페일수록 창업자의 경영 마인드가 사업의 성패를 결정짓는다. 그렇다면, 스타트업 대표처럼 생각하는 카페 사장은 어떤 전략을 세워야 할까?

카페 창업, 단순한 사업이 아닌 스타트업 경영처럼 접근하라

많은 사람들이 카페 창업을 로망처럼 생각한다. 커피 향이 가득한 공간에서 손님들과 소통하며 여유로운 삶을 즐기는 모습이 떠오르기 때문이다. 하지만 현실은 다르다. 매일 새벽 일어나 재료를 준비하고, 직원들을 관리하며, 한 잔이라도 더 팔기 위해 마케팅을 고민해야 한다.

스타트업처럼 카페를 운영한다는 것은 새로운 아이디어와 전략으로 시장에서 경쟁력을 갖춘다는 의미다. 단순히 가게를 차리는 것이 아니라, 하나의 브랜드를 만들고 고객 경험을 설계하며, 데이터 분석을 통해 더 나은 의사결정을 하는 것이 중요하다.

카페도 비즈니스다 - 사업 모델을 명확히 설정하라

많은 사람들이 '좋은 커피만 만들면 손님이 알아서 찾아올 것'이라고 생각하지만, 경영은 그렇게 단순하지 않다. 커피 맛이 뛰어나더라도 고객이 찾지 않는다면 매출이 나오지 않는다. 카페를 운영하는 것은 '좋은 제품을 제공하는 것'이 아니라 '지속 가능한 사업 모델을 구축하는 것'이다.

1. 타깃 고객을 명확히 정하라

모든 고객을 만족시키려 하면 오히려 누구도 만족시키지 못한다. 대학가 근처에서 카페를 운영하는 경우, 학생들이 부담 없이 이용할 수 있도록 저렴한 가격과 트렌디한 분위기를 제공하는 것이 중요하다. 반면, 오피스 밀집 지역에서는 직장인들이 빠르게 테이크아웃할 수 있도록 효율적인 주문 시스템을 갖추는 것이 효과적이다.

2. 핵심 차별점을 찾아라

스타벅스와 경쟁할 수 없다면, 다른 전략을 찾아야 한다. 예를 들어, 직접 로스팅한 원두를 제공하는 스페셜티 카페, 친환경 포장재를 사용하는 지속 가능성 카페, 책을 읽으며 쉴 수 있는 북카페 등 특정 콘셉트를 강화하는 것이 중요하다.

3. 원가와 수익 구조를 분석하라

커피 한 잔을 팔아서 얼마를 벌 수 있는지 정확히 계산해야 한다. 예를 들어, 아메리카노 한 잔을 3,000원에 판매한다고 했을 때, 원두, 컵, 설탕, 물, 전기세, 임대료 등을 고려하면 실제 남는 이익이 크지 않을 수 있다. 원가를 절감할 방법을 찾고, 부가가치를 더할 수 있는 상품(디저트, 굿즈 등)을 함께 판매하는 전략이 필요하다.

고객 경험을 경영하라 - 단골을 만드는 서비스 전략

한 번 온 손님이 다시 찾아오지 않는다면, 카페 운영은 어려워진다. 신규 고객을 유치하는 것도 중요하지만, 기존 고객을 단골로 만들 수 있는 전략이 필요하다.

1. 고객 데이터를 활용한 맞춤형 서비스

스타트업처럼 데이터를 활용하면 더 효과적으로 고객을 관리할 수 있다. 예를 들어, 고객이 자주 주문하는 메뉴를 분석하고, 특정 고객에게 맞춤형 할인 쿠폰을 제공하면 단골 고객을 확보할 수 있다.

2. 차별화된 고객 서비스 제공

고객은 단순히 커피 한 잔을 사러 오는 것이 아니라, '경험'을 구매한다. 직원들이 친절한 인사 한마디를 건네거나, 주문을 기억해주면 고객 만족도가 높아진다. 또한, 매장 내부의 분위기와 음악, 인테리어까지 고객의 감성을 자극할 수 있도록 기획해야 한다.

3. 커뮤니티를 형성하라

스타트업은 고객과의 소통을 중요하게 생각한다. 카페도 마찬가지다. 지역 커뮤니티와 협업하거나, SNS를 활용해 고객과 소통하는 것이 중요하다. 예를 들어, 정기적으로 커피 클래스를 운영하거나, 지역 소상공인들과 협업해 팝업 스토어를 열면 브랜드 충성도를 높일 수 있다.

마케팅 전략 - 스타트업처럼 홍보하라

카페를 운영할 때 가장 어려운 부분 중 하나는 '손님을 꾸준히 유지하는 것'이다. 스타트업처럼 마케팅을 활용하면 더욱 효과적으로 고객을 끌어들일 수 있다.

1. SNS를 적극 활용하라

스타트업들은 마케팅 비용이 부족하기 때문에 SNS를 적극 활용한다. 인스타그램, 페이스북, 유튜브 등을 통해 감성적인 콘텐츠를 제작하고, 고객과 소통하는 것이 중요하다. 예를 들어, 새로운 메뉴가 출시될 때마다 짧은 영상을 제작하거나, 고객들이 카페에서 찍은 사진을 공유하면 자연스럽게 홍보 효과를 얻을 수 있다.

2. 프로모션과 이벤트를 기획하라

커피 한 잔을 마시면 쿠폰을 제공하거나, 특정 시간대에 할인 이벤트를 진행하면 고객의 재방문율을 높일 수 있다. 스타트업처럼 '이벤트를 통한 바이럴 효과'를 활용하면 마케팅 비용을 최소화하면서도 효과적인 홍보가 가능하다.

3. 지역사회와 연결하라

소규모 카페는 지역 고객과의 관계가 중요하다. 지역 내 소상공인들과 협업하거나, 지역 행사와 연계하면 브랜드 인지도를 높일 수 있다. 예를 들어, 지역 대학과 연계한 학생 할인 이벤트를 운영하면 자연스럽게 고객층을 확보할 수 있다.

카페도 스타트업처럼 운영해야 살아남는다

과거에는 단순히 커피 맛이 좋으면 손님이 찾아왔다. 하지만, 이제는 스타트업처럼 차별화된 브랜드 전략, 고객 경험 최적화, 데이터 기반 운영이 필수적이다.

- 카페는 단순한 가게가 아니라, 지속 가능한 사업 모델을 구축해야 한다.
- 고객을 단순한 손님이 아니라, 브랜드 팬으로 만들어야 한다.
- 마케팅과 데이터를 적극 활용해 성장 가능성을 높여야 한다.

스타트업 대표가 된 카페 사장님은 더 이상 단순한 자영업자가 아니다. 그는 브랜드를 만들고, 고객과 소통하며, 끊임없이 성장하는 방법을 고민해야 한다. 카페 창업도 결국 경영이며, 성공적인 경영을 위해서는 스타트업처럼 사고하고, 실행하는 자세가 필요하다.

02

사장은 왜 다르게 생각할까?

직장인과 사장의 가장 큰 차이는 '생각하는 방식'에서 시작된다. 직원이 특정 업무를 맡아 실행하는 역할을 한다면, 사장은 회사 전체를 운영하고 성장시키는 역할을 한다. 단순히 직책이 다른 것이 아니라, 문제를 바라보는 관점, 의사결정을 내리는 기준, 리스크를 감수하는 태도까지 완전히 다르다.

많은 사람들이 회사를 다니다가 창업을 결심하지만, 실제로 사업을 운영하다 보면 예상과는 전혀 다른 현실에 직면하게 된다. 직원 시절에는 이해하지 못했던 사장의 고민이 무엇인지 알게 되는 순간이 온다. 그렇다면, 사장은 어떤 방식으로 사고하고, 직원과는 어떤 차이가 있을까? 사장의 사고방식을 이해하면 조직을 보는 시야가 넓어지고, 보다 주도적으로 일하는 태도를 가질 수 있다.

전체를 보는 관점 - 사장은 숲을 보고, 직원은 나무를 본다

직원은 맡은 업무에 집중한다. 마케팅 담당자는 광고 성과를 높이는 방법을 고민하고, 개발자는 제품의 기능을 개선하는 데 집중하며, 영업 담당자는 고객을 유치하는 데 주력한다. 반면, 사장은 이러한 모든 요소를 종합적으로 고려해야 한다.

예를 들어, 직원이 "광고 예산을 늘리면 매출이 증가할 것입니다"라고 제안한다고 가정해보자. 사장의 입장에서 광고 예산을 늘리는 것이 꼭 정답이 아닐 수도 있다. 광고비를 늘리는 대신, 제품의 품질을 개선하거나 새로운 유통 채널을 확보하는 것이 더 효과적일 수도 있다. 즉, 사장은 단기적인 성과뿐만 아니라 장기적인 관점에서 사업의 방향을 고려해야 한다.

이처럼 직원이 '내 업무'에 집중하는 반면, 사장은 전체 비즈니스 모델을 바라보고, 장기적인 전략을 세워야 한다.

의사결정 방식 - 직원은 안전을, 사장은 리스크를 감수한다

직원은 안정적인 환경에서 자신의 역할을 수행하는 것이 중요하다. 하지만 사장은 '위험을 감수하면서도 기회를 찾는 사람'이다.

예를 들어, 직원들은 안정적인 급여를 원하지만, 사장은 회사가 성장하기 위해 투자와 리스크를 감수해야 한다. 스타트업을 운영하는 사장이라면, 초반에는 거의 수익이 없거나 적자를 감수해야 할 수도 있다. 새로운 시장에 도전하는 과정에서 실패할 가능성도 높다. 그러나 이런 리스크를 감수하지 않는다면 성장은 어렵다.

사장은 단순히 안정적인 운영이 아니라, 위험을 관리하면서도 성장 기회를 찾아야 한다. 이런 차이 때문에, 직원과 사장의 의사결정 방식은 크게 다를 수밖에 없다.

돈을 바라보는 방식 - 직원은 '급여'를, 사장은 '수익성'을 본다

직원에게 가장 중요한 것은 매달 들어오는 월급이다. 하지만 사장은 회사의 재무 상태를 고려해야 한다.

예를 들어, 매출이 1억 원이라 해도, 직원들의 급여, 임대료, 원가 등을 제외하면 실제 남는 이익은 얼마 되지 않을 수 있다. 직원들은 '회사가 돈을 많이 버는 것 같다'고 생각할 수도 있지만, 사장은 '운영 비용이 증가하면 적자가 될 수 있다'는 점을 늘 염두에 둬야 한다.

또한, 직원은 자신의 연봉을 더 높이길 원하지만, 사장은 전체적인 인건비를 고려해 경영을 해야 한다. 만약 모든 직원의 급여를 무리하게 인상하면, 회사가 지속적으로 운영되기 어려워질 수 있다. 이런 차이 때문에, 직원이 사장의 결정을 이해하지 못하는 경우가 많다.

사장은 회사의 수익성을 최우선으로 고려하며, 장기적으로 기업이 성장할 수 있도록 전략적으로 자금을 운용해야 한다.

문제 해결 방식 - 직원은 지시를 기다리지만, 사장은 스스로 해결책을 찾는다

직원은 보통 상사의 지시를 받으며 업무를 수행한다. 하지만 사장은 모든 문제를 스스로 해결해야 한다.

예를 들어, 매장에서 갑자기 커피 머신이 고장났다고 가정해보자. 직원은 "고장이 났으니 수리업체를 부르면 된다"라고 생각할 수 있다. 하지만 사장은 "당장 고객들이 기다리고 있는데, 대체 방법이 있는가?", "이 기계를 교체하는 것이 더 나을까?", "수리비를 감당할 예산이 있는가?" 등 다양한 요소를 고려해야 한다.

사장은 문제를 해결하는 사람이 아니라, 해결책을 찾아야 하는 사람이다. 회사가 위기에 처했을 때, 직원들은 '누군가 해결해주길 기다리지만', 사장은 직접 해결해야 한다는 차이가 있다.

성장에 대한 태도 - 직원은 현재를, 사장은 미래를 본다

직원은 현재의 안정적인 업무 환경과 급여를 중요하게 생각한다. 하지만 사장은 미래의 성장 가능성을 고민한다.

예를 들어, 직원들은 '지금 당장 편하게 일할 수 있는 환경'을 원하지만, 사장은 '미래에 더 성장할 수 있는 방향'을 고민해야 한다. 때로는 현재의 안정성을 포기하더라도, 장기적인 목표를 위해 도전적인 결정을 내려야 할 때가 많다.

스타트업 창업자가 초기에 낮은 월급을 감수하고 회사를 성장시키는 이유도 여기에 있다. 단기적인 이익보다, 장기적인 비전을 바라보며 기업을 키워나가는 것이 사장의 역할이다.

사장은 직원과 다르게 생각해야 한다

사장은 단순히 직책이 높은 사람이 아니라, 기업의 방향을 결정하고, 생존과 성장을 고민하는 사람이다.

- 직원은 자신의 업무를 수행하지만, 사장은 회사 전체를 바라본다.
- 직원은 안정성을 원하지만, 사장은 리스크를 감수하며 기회를 찾는다.
- 직원은 월급을 중요하게 여기지만, 사장은 수익성과 비용을 고려해야 한다.
- 직원은 문제 해결을 기다리지만, 사장은 해결책을 직접 찾아야 한다.
- 직원은 현재를 살지만, 사장은 미래를 설계해야 한다.

이러한 사고방식의 차이를 이해하면, 직원에서 사장으로 성장할 때 어떤 태도를 가져야 하는지를 알 수 있다. 사장은 단순히 직급이 높은 사람이 아니라, 기업의 생존과 성장을 책임지는 사람이다.

03

햄버거 한 개로 세계를 지배한 맥도날드

맥도날드는 단순한 패스트푸드 브랜드가 아니다. 작은 햄버거 가게에서 출발해 전 세계 100개국 이상에서 수많은 매장을 운영하는 거대한 기업이 되었다. 이 거대한 성공 뒤에는 단순한 '맛'이 아니라, 철저한 경영 전략이 있었다. 맥도날드는 어떻게 햄버거 하나로 글로벌 시장을 장악할 수 있었을까?

시스템화된 운영 - 누구나 같은 품질의 햄버거를 만든다

맥도날드의 가장 큰 강점은 표준화된 시스템이다. 고객이 어느 매장을 방문하든 동일한 맛과 품질의 햄버거를 먹을 수 있도록 모든 매장이 동일한 조리 과정을 따른다.

예를 들어, 맥도날드의 주방에서는 직원이 손으로 계량하지 않는다. 패티는 정해진 시간 동안 조리되며, 소스의 양도 일정하다. 심지어 감자튀김도 몇 초 동안 튀겨야 하는지, 소금은 얼마나 뿌려야 하는지까지 세세하게 규정되어 있다.

이런 시스템을 통해 누구나 쉽게 일할 수 있고, 매장마다 품질의 차이가 발생하지 않는다. 새로운 직원이 오더라도 짧은 교육만 받으면 동일한 수준의 햄버거를 만들 수 있다.

결국, 맥도날드는 단순한 패스트푸드점이 아니라, 완벽하게 설계된 '시스템'을 가진 기업이 되었다.

프랜차이즈 모델 - 빠르게 확장할 수 있는 비즈니스 구조

맥도날드는 자사가 직접 모든 매장을 운영하지 않는다. 대신, 프랜차이즈 모델을 활용해 사업을 확장해 왔다.

프랜차이즈 방식이란, 맥도날드 본사가 브랜드와 운영 시스템을 제공하고, 개별 매장주는 일정한 비용을 지불하고 매장을 운영하는 방식이다.

예를 들어, 한국에서 맥도날드를 운영하고 싶은 사람이 있다면, 맥도날드 본사와 계약을 맺고 가맹점을 개설할 수 있다. 본사는 매장 운영에 대한 모든 노하우를 제공하고, 매장주는 브랜드 파워를 이용해 영업을 할 수 있다.

이 방식의 장점은 빠른 확장이다. 본사가 직접 모든 매장을 운영하면 관리에 한계가 있지만, 각 지역의 가맹점주가 매장을 운영하면 더 빠르게 많은 매장을 열 수 있다.

이 덕분에 맥도날드는 짧은 시간 안에 전 세계로 확장할 수 있었다.

철저한 원가 관리 - 낮은 비용으로 최대의 이익을

맥도날드는 '저렴한 가격'으로도 수익을 낼 수 있는 구조를 만들었다.

1. 대량 구매를 통한 원가 절감

맥도날드는 패티, 빵, 감자튀김 등 모든 원재료를 대량으로 구매한다. 덕분에 공급업체와 협상해 원재료 비용을 낮출 수 있다.

2. 효율적인 운영을 통한 비용 절감

모든 매장이 동일한 구조로 운영되기 때문에, 주방 공간도 최소화되고, 인건비도 줄일 수 있다.

3. 자동화 시스템 도입

햄버거를 만들 때, 직원들이 손으로 모든 작업을 하는 것이 아니라, 자동화된 조리 기기를 활용해 효율성을 극대화한다.

이러한 방식으로, 맥도날드는 저렴한 가격에도 높은 이윤을 남길 수 있는 구조를 만들었다.

강력한 브랜드 마케팅 - '빅맥'이라는 문화 만들기

맥도날드는 단순한 햄버거 브랜드가 아니라, 하나의 문화를 만들었다.

1. 일관된 로고와 디자인

전 세계 어디서든 '황금색 M자' 로고를 보면 맥도날드라는 걸 알아볼 수 있다. 이처럼 일관된 브랜드 아이덴티티를 유지하는 것이 중요하다.

2. 지역별 맞춤 메뉴 개발

맥도날드는 각 나라의 문화와 입맛을 반영한 제품을 출시한다. 예를 들어, 한국에서는 "불고기 버거", 인도에서는 "맥알루 티키(감자 패티 버거)"와 같은 현지화된 메뉴를 선보였다.

3. 광고를 활용한 감성 마케팅

맥도날드는 단순한 햄버거 광고가 아니라, 가족, 친구, 어린 시절의 추억을 자극하는 감성적인 광고를 활용한다.

이런 마케팅 전략 덕분에, 맥도날드는 단순한 패스트푸드 브랜드가 아니라, 전 세계 사람들이 공유하는 문화가 되었다.

부동산 비즈니스 – 맥도날드는 햄버거가 아니라 '땅'을 판다?

맥도날드가 단순한 패스트푸드 회사가 아니라, '부동산 기업'이라는 사실을 아는 사람은 많지 않다.

맥도날드는 가맹점주가 매장을 운영할 때, 단순히 브랜드 사용료만 받는 것이 아니라, 건물과 토지를 본사가 소유하는 경우가 많다.

즉, 가맹점주는 맥도날드 본사에 임대료를 내며 매장을 운영한다. 이런 방식 덕분에, 맥도날드는 단순히 햄버거 판매 수익뿐만 아니라, 부동산 임대 수익까지 가져간다.

결과적으로, 맥도날드는 패스트푸드 사업뿐만 아니라, 부동산 투자를 통해 막대한 부를 쌓을 수 있었다.

맥도날드의 성공 전략에서 배우는 점

맥도날드는 단순한 햄버거 가게가 아니다. 작은 패스트푸드점에서 시작해, 글로벌 기업으로 성장할 수 있었던 이유는 철저한 경영 전략 덕분이다.

- 시스템화된 운영으로 품질을 유지했다.
- 프랜차이즈 모델을 통해 빠르게 확장했다.
- 원가 절감을 통해 저렴한 가격에도 높은 수익을 냈다.
- 강력한 브랜드 마케팅으로 하나의 문화를 만들었다.
- 부동산 사업을 통해 장기적인 수익 모델을 구축했다.

맥도날드의 성공은 단순히 맛있는 햄버거를 만드는 것이 아니라, 경영 전략이 얼마나 중요한지 보여주는 대표적인 사례다.

이제 우리는 햄버거 가게를 보더라도, 단순한 음식점이 아니라 '어떤 경영 전략이 적용되고 있는가?'라는 시각으로 바라볼 필요가 있다. 맥도날드의 성공에서 배울 점은, 규모와 상관없이 어떤 사업이든 체계적인 시스템과 전략이 중요하다는 것이다.

04

왜 어떤 회사는 성공하고, 어떤 회사는 실패할까?

회사를 운영하는 사람이라면 누구나 성공을 꿈꾼다. 하지만 현실은 다르다. 많은 기업이 창립 후 몇 년 안에 사라지고, 반면에 어떤 기업은 지속적으로 성장하며 시장을 장악한다. 대체 성공하는 회사와 실패하는 회사의 차이점은 무엇일까? 이 질문에 대한 답을 찾기 위해 우리는 성공한 기업과 실패한 기업의 사례를 살펴보고, 공통적인 특징을 분석해볼 필요가 있다.

성공하는 회사는 명확한 목표와 전략이 있다

기업이 성장하려면 '우리가 무엇을 하려는가?'라는 질문에 명확한 답을 가져야 한다.

애플(Apple)은 단순한 전자제품 제조업체가 아니다. "사람들의 삶을 변화시키는 혁신적인 제품을 만든다"는 명확한 목표를 가지고 있다. 이를 바탕으로 아이폰, 아이패드, 맥북 등 혁신적인 제품을 출시하며 세계적인 기업으로 성장했다.

반면, 실패하는 기업들은 명확한 목표 없이 유행을 따라가기만 한다. 한때 잘나가던 노키아(Nokia)는 스마트폰 시장이 떠오를 때 명확한 전략을 수립하지 못해 도태되었다.

즉, 성공하는 기업은 명확한 목표를 세우고, 일관된 전략을 통해 그 목표를 실현하는 능력을 갖추고 있다.

실패하는 회사는 변화에 적응하지 못한다

세상은 빠르게 변하고, 기업도 변화하지 않으면 살아남기 어렵다.

넷플릭스(Netflix)는 처음엔 DVD 대여 서비스로 시작했지만, 인터넷이 발전하면서 빠르게 온라인 스트리밍 서비스로 전환했다. 이 결단 덕분에 지금은 글로벌 미디어 기업으로 자리 잡았다.

반면, 한때 비디오 대여 시장을 지배했던 블록버스터(Blockbuster)는 변화에 적응하지 못했다. 넷플릭스가 새로운 서비스를 제안했을 때, 기존 방식을 고수하며 대응하지 않았다. 그 결과, 블록버스터는 역사 속으로 사라졌다.

기업이 성공하려면 시장의 변화를 감지하고, 빠르게 대응할 수 있는 유연성을 가져야 한다.

성공하는 회사는 고객 중심으로 운영된다

모든 기업은 고객이 있어야 존재할 수 있다. 하지만 성공하는 기업과 실패하는 기업은 고객을 대하는 방식에서 차이가 난다.

스타벅스(Starbucks)는 단순히 커피를 파는 곳이 아니다. "고객에게 특별한 경험을 제공하는 공간"을 목표로 한다. 매장 분위기, 친절한 서비스, 고객 맞춤형 메뉴를 통해 브랜드 충성도를 높였다.

반면, 한때 패스트패션 시장에서 유명했던 포에버21(Forever 21)은 빠르게 성장했지만, 고객의 변화하는 트렌드를 놓쳤다. 지속 가능한 패션을 원하는 고객의 니즈를 무시한 결과, 결국 파산하게 되었다.

성공하는 기업은 항상 고객의 변화하는 요구를 파악하고, 이에 맞춰 지속적으로 개선한다.

실패하는 회사는 내부 관리가 엉망이다

기업이 아무리 좋은 제품과 서비스를 제공하더라도, 내부 관리가 엉망이면 오래가지 못한다.

토요타(Toyota)는 세계적인 자동차 브랜드로 성장할 수 있었던 이유 중 하나가 철저한 품질 관리 시스템 덕분이다. 문제가 발생하기 전에 이를 점검하고, 지속적으로 개선하는 문화를 만들었다.

반면, 엔론(Enron)과 같은 기업들은 내부 회계 부정을 저지르다가 결국 파산했다. 경영진이 투명한 운영을 하지 못하고 내부 갈등이 심해지면, 회사는 무너질 수밖에 없다.

즉, 성공하는 기업은 내부 운영을 체계적으로 관리하고, 직원과의 신뢰를 바탕으로 회사를 운영한다.

성공하는 회사는 장기적인 관점에서 투자한다

기업이 성장하려면 눈앞의 이익만 추구해서는 안 된다. 미래를 내다보고 지속적인 투자를 해야 한다.

아마존(Amazon)은 초기에 수익을 내기보다 고객 경험 개선과 인프라 확장에 집중했다. 단기적인 이익을 포기하고, 장기적인 성장 전략을 선택한 덕분에 오늘날 세계 최대의 전자상거래 기업이 되었다.

반대로, 단기적인 이익에만 집착한 기업들은 장기적으로 성장하지 못한다. 한때 모바일 시장에서 강력한 브랜드였던 블랙베리(BlackBerry)는 새로운 기술에 대한 투자를 게을리한 결과, 스마트폰 시장에서 완전히 밀려났다.

성공하는 기업들은 미래를 내다보고 혁신에 투자하는 자세를 가지고 있다.

성공하는 기업과 실패하는 기업의 차이점

성공과 실패를 가르는 것은 단순한 운이 아니다. 어떤 선택을 하고, 어떻게 실행하는지가 결정적 요소가 된다.

- 성공하는 기업은 명확한 목표와 전략이 있다.
- 변화에 빠르게 적응하고 혁신한다.
- 고객 중심으로 운영하며 지속적으로 개선한다.
- 내부 운영과 기업 문화를 체계적으로 관리한다.
- 장기적인 관점에서 지속적으로 투자한다.

모든 기업이 성공을 꿈꾸지만, 이 원칙을 지키지 않으면 생존하기 어렵다. 시장 환경은 변하고, 고객의 요구도 변한다. 기업이 변화에 적응하고 혁신을 지속할 때만이, 장기적으로 살아남을 수 있다.

이제 당신이 회사를 운영하거나 창업을 준비할 때, 어떤 선택을 해야 하는지 고민해보자. 과연 당신의 비즈니스는 성공하는 기업의 특징을 갖추고 있는가?

05

코카콜라 vs. 펩시, 경쟁에서 살아남는 법

코카콜라와 펩시는 100년 넘게 이어진 대표적인 경쟁 기업이다. 이들은 단순한 탄산음료 브랜드가 아니라, 글로벌 시장을 놓고 치열한 마케팅 전쟁을 벌이며 살아남은 기업들이다. 수많은 브랜드가 사라지는 동안에도 코카콜라와 펩시는 여전히 업계를 선도하고 있다. 이들이 어떻게 치열한 경쟁 속에서 살아남을 수 있었는지 살펴보자.

브랜드 이미지 - 소비자의 감성을 사로잡다

코카콜라는 단순한 음료가 아니라, '행복'과 '즐거움'을 상징하는 브랜드로 자리 잡았다. 광고에서도 단순히 제품을 강조하는 것이 아니라, 가족, 친구, 축제 분위기를 담아 감성적인 메시지를 전달한다. 대표적인 예가 크리스마스 시즌 광고다. 코카콜라의 빨간색 트럭과 산타클로스 이미지는 연말연시를 떠올리게 만든다.

반면, 펩시는 젊고 트렌디한 브랜드로 자리 잡았다. 음악, 스포츠, 팝컬처를 활용해 코카콜라와 차별화를 시도했다. 특히 유명 연예인을 모델로 기용해, 10~20대 소비자층을 공략하는 전략을 꾸준히 펼쳐왔다. 대표적으로 마이클 잭슨, 브리트니 스피어스, 비욘세 같은 글로벌 스타들을 광고 모델로 활용하며 트렌디한 이미지를 구축했다.

- 코카콜라는 전통과 감성을 강조하는 브랜드
- 펩시는 젊고 역동적인 브랜드 이미지

이처럼 두 기업은 같은 탄산음료를 팔면서도, 브랜드 이미지를 차별화해 각자의 시장을 확보했다.

마케팅 전략 - 코카콜라는 감성, 펩시는 도전

1. 코카콜라 : 감성적인 연결

코카콜라는 소비자에게 친숙한 이미지를 심어주기 위해 꾸준히 감성적인 광고를 제작했다. 1971년의 "I'd Like to Buy the World a Coke" 캠페인은 전 세계적으로 큰 반응을 얻었고, 코카콜라를 단순한 음료가 아니라 사람들을 하나로 묶는 상징적인 브랜드로 만들었다.

2. 펩시 : 직접적인 도전과 혁신

펩시는 정면 승부를 선택했다. 가장 대표적인 것이 '펩시 챌린지

(Pepsi Challenge)' 캠페인이다. 소비자들에게 브랜드를 가린 채 코카콜라와 펩시를 비교 시음하게 했는데, 많은 사람들이 펩시의 맛을 더 선호한다고 답했다. 이를 적극적으로 활용해 코카콜라에 도전하는 마케팅을 펼쳤다.

펩시는 또한 새로운 포장 디자인, 한정판 제품 출시 등 빠르게 변화하는 소비자 트렌드에 발맞춰 다양한 마케팅 전략을 활용했다.

- 코카콜라는 감성을 강조하는 스토리텔링 마케팅
- 펩시는 코카콜라와의 비교를 활용한 공격적인 마케팅

이처럼 두 기업은 서로 다른 방식으로 소비자들에게 브랜드를 각인시켰다.

제품 전략 - 단순한 음료가 아니라 '선택의 폭' 제공

코카콜라와 펩시는 소비자들이 다양한 취향을 가질 수 있도록, 단순한 콜라 제품을 넘어선 다양한 제품군을 개발했다.

코카콜라는 코카콜라 라이트, 코카콜라 제로, 코카콜라 바닐라 등 다양한 변형 제품을 출시하며 소비자들에게 선택지를 넓혔다. 또한, 스프라이트, 파워에이드, 미닛메이드 같은 다른 음료 브랜드도 인수하며 포트폴리오를 확장했다.

펩시는 탄산음료뿐만 아니라 스낵 시장에도 진출했다. 대표적으로 도리토스, 치토스, 레이즈 감자칩 같은 제품을 통해 탄산음료와 함께 즐길 수 있는 간식을 개발했다. 또한, 게토레이, 트로피카나 주스 등의 브랜드를 운영하며 건강한 음료 시장도 공략했다.

- 코카콜라는 음료 시장을 확장하는 전략
- 펩시는 음료뿐만 아니라 스낵 시장까지 확대하는 전략

이처럼 두 기업은 단순한 탄산음료 시장에서 벗어나, 더 넓은 소비자층을 확보하기 위한 다양한 제품군을 개발하며 성장했다.

글로벌 전략 - 로컬 시장에 맞춘 현지화 전략

코카콜라와 펩시는 전 세계 200개국 이상에서 판매되고 있다. 하지만 단순히 글로벌 브랜드를 강조하는 것이 아니라, 각 나라의 문화와 입맛에 맞춘 현지화 전략을 펼쳤다.

코카콜라는 각 나라의 전통적인 맛을 활용한 제품을 출시했다. 예를 들어, 일본에서는 녹차 콜라를, 한국에서는 복숭아 맛 콜라를 한정판으로 출시하며 소비자들이 친숙하게 느낄 수 있는 요소를 활용했다.

펩시는 국가별 한정판 제품과 광고 캠페인을 적극 활용했다. 인도에서는 맵고 자극적인 음식과 어울리는 콜라를 개발하고, 유럽에서는 당 함량을 줄인 건강한 콜라 제품을 내놓았다.

- 코카콜라는 로컬 맛과 문화를 활용한 제품 출시
- 펩시는 특정 시장에 맞춘 광고 및 마케팅 전략을 전개

이처럼 두 기업은 글로벌 브랜드의 강점을 유지하면서도, 현지 소비자들의 취향에 맞춘 제품과 마케팅을 선보이며 글로벌 시장을 장악했다.

경쟁 속에서도 공존하는 법 - 차별화 전략

코카콜라와 펩시는 서로 경쟁하면서도 각자의 방식으로 시장에서 공존하고 있다.

코카콜라는 '전통과 감성'을 강조하며 브랜드 충성도를 높이고, 전통적인 마케팅 방식을 유지하는 전략을 선택했다.

펩시는 '혁신과 도전'을 내세워 젊은 소비자들에게 적극적으로 어필하고, 트렌드를 빠르게 반영하는 전략을 선택했다.

결국, 경쟁에서 살아남기 위해서는 단순히 상대방을 따라가는 것이 아니라, 차별화된 강점을 만드는 것이 중요하다.

코카콜라와 펩시의 경쟁에서 배우는 점

코카콜라와 펩시의 경쟁은 단순한 브랜드 싸움이 아니라, 경영 전략의 차이에서 비롯된 결과다.

- 브랜드 이미지를 확실하게 구축한다.
- 마케팅 전략을 차별화해 소비자에게 각인시킨다.
- 제품군을 확장해 다양한 소비자층을 확보한다.

- 글로벌 시장에서는 현지화 전략을 활용한다.
- 경쟁 속에서도 자신만의 강점을 살려 시장에서 공존한다.

코카콜라와 펩시의 사례를 통해, 기업이 경쟁에서 살아남기 위해서는 자신만의 전략을 가지고 소비자와의 연결을 강화해야 한다는 점을 배울 수 있다.

과연, 당신이 만든 브랜드는 소비자들에게 어떤 가치를 제공하고 있는가?

06

노키아는 왜 스마트폰 시장에서 사라졌을까?

한때 전 세계에서 가장 강력한 휴대전화 브랜드였던 노키아(Nokia). 1990년대 후반과 2000년대 초반까지, 노키아는 휴대전화 시장에서 압도적인 1위를 차지하며 글로벌 기업으로 자리 잡았다. 하지만 2010년대에 들어서면서 스마트폰 시장에서 급격히 사라졌고, 오늘날 많은 사람들은 노키아를 과거의 브랜드로만 기억하고 있다. 대체 무슨 일이 있었던 걸까?

노키아의 몰락은 우연이 아니었다. 이는 경영 전략의 실패와 시장 변화에 대한 대응 부족이 만들어낸 결과였다. 과거에 강력한 시장 지배력을 가졌던 기업이 어떻게 경쟁에서 밀려났는지를 분석하면, 기업이 변화하는 시장에서 어떤 전략을 취해야 하는지에 대한 중요한 시사점을 얻을 수 있다. 노키아가 스마트폰 시장에서 사라지게 된 핵심 이유를 살펴보고, 기업이 변화하는 시장에서 어떻게 살아남아야 하는지에 대한 교훈을 찾아보자.

변화하는 시장을 읽지 못한 실수

1990년대 후반과 2000년대 초반까지 휴대전화 시장에서 노키아는 독보적인 강자였다. 당시 노키아의 휴대전화는 튼튼한 내구성, 긴 배터리 수명, 직관적인 디자인으로 전 세계 소비자들에게 사랑받았다. 하지만 2007년, 아이폰(iPhone)이 등장하면서 휴대전화 시장은 새로운 국면을 맞았다.

1. 터치스크린 방식의 스마트폰 혁명

아이폰은 기존의 버튼형 피처폰과 완전히 다른 터치스크린 기반의 스마트폰을 선보였다. 직관적인 인터페이스와 애플리케이션(앱) 시스템은 사용자들에게 새로운 경험을 제공했다. 하지만 노키아는 이 변화에 제대로 대응하지 못했다.

2. 노키아의 대응 : 여전히 버튼형 휴대전화 중심 전략

아이폰이 시장을 흔들고 있을 때도, 노키아는 기존의 버튼형 휴대전화 판매에 집중했다. 노키아 경영진은 스마트폰 시장이 단기적인 유행일 뿐이며, 결국 소비자들은 기존의 피처폰(버튼형 휴대전화)으로 돌아올 것이라고 판단했다.

3. 삼성, 애플, 구글의 빠른 적응

반면, 삼성과 애플은 빠르게 스마트폰 시장으로 전환했다. 삼성은 안드로이드 운영체제를 활용한 갤럭시 시리즈를 내놓으며 시장을 장악했고, 애플은 지속적인 혁신으로 스마트폰 산업을 주도했다.

노키아가 시장 변화에 늦게 대응한 것은 몰락의 가장 큰 원인이었다. 기업이 성장하려면, 기존의 성공에 안주하지 않고 변화에 유연하게 적응해야 한다.

운영체제(OS) 선택의 실패

스마트폰에서 가장 중요한 요소 중 하나는 운영체제(OS)다. 노키아는 당시 자체 운영체제였던 심비안(Symbian)을 사용하고 있었다. 하지만 이 OS는 속도가 느리고, 개발이 복잡하며, 사용자 경험이 좋지 않았다.

1. 애플과 구글의 빠른 대응

아이폰은 iOS라는 강력한 운영체제를 활용했고, 구글은 개방형 운영체제인 안드로이드(Android)를 내놓았다. 안드로이드는 누구나 사용할 수 있는 오픈소스 방식으로 제공되었고, 삼성, LG, HTC 같은 제조사들은 이를 활용해 다양한 스마트폰을 출시했다.

2. 노키아의 실수 : 심비안에 집착하다

노키아는 심비안 OS를 고집했지만, 소비자들은 반응하지 않았다. 느리고 불편한 운영체제는 사용자 경험을 저하시켰고, 결국 시장에서 점점 외면당했다.

3. 마이크로소프트와의 협력, 그러나 너무 늦은 대응

노키아는 결국 심비안을 포기하고 마이크로소프트(Microsoft)와 협력해 윈도우 폰(Windows Phone)을 출시했지만, 이미 시장은 iOS와 안드로이드가 지배하고 있었다. 결국 노키아는 소비자들의 선택을 받지 못했고, 점유율은 급격히 하락했다.

시장의 흐름을 빠르게 읽고, 유연하게 변화하는 것이 기업 생존의 핵심이다.

내부 조직의 문제 - 경영진의 실수

노키아가 몰락한 또 다른 이유는 내부 경영진의 실수였다.

1. 보수적인 경영진과 빠른 혁신 거부

노키아의 최고경영진(CEO)과 임원들은 스마트폰 시장이 중요하다는 점을 너무 늦게 깨달았다. 기존의 성공 모델에 의존하며 새로운 변화를 받아들이지 않는 보수적인 태도는 기업의 성장을 가로

막았다.

2. 사내 경쟁과 비효율적인 조직 문화

노키아 내부에서는 새로운 기술 개발과 기존 사업 유지 사이에서 부서 간 갈등이 많았다. 새로운 기술을 도입하려는 팀과 기존 전략을 유지하려는 팀이 충돌하면서, 신속한 의사결정이 어려웠다.

3. 소프트웨어 개발에 대한 투자 부족

하드웨어는 강했지만, 소프트웨어(운영체제와 앱 생태계)에서 뒤처졌다. 기업이 성장하려면 단순히 제품만이 아니라, 소프트웨어와 서비스까지 고려하는 전략이 필요하다.

내부 조직이 원활하게 협력하고 신속한 의사결정을 내리는 것이 기업 경쟁력의 핵심이다.

결국, 노키아는 어떻게 되었을까?

1. 마이크로소프트에 인수되었지만 실패

2013년, 노키아의 휴대전화 사업부는 마이크로소프트(Microsoft)에 인수되었다. 하지만 윈도우 폰은 시장에서 자리 잡지 못했고, 결국 2016년 마이크로소프트는 스마트폰 사업을 포기했다.

2. 노키아 브랜드는 남아있지만, 스마트폰 시장에서 영향력은 사라졌다

현재 노키아는 핀란드의 HMD 글로벌(HMD Global)이라는 회사에서 브랜드 라이선스를 받아 중저가 스마트폰을 출시하고 있다. 하지만 삼성, 애플, 중국 기업(샤오미, 화웨이)과 경쟁하기에는 역부족이다.

노키아 사례에서 배울 점

노키아의 몰락은 단순한 기술력의 문제가 아니라, 경영 전략의 실패에서 비롯되었다. 이 사례는 기업이 지속적으로 성장하기 위해 어떤 요소를 고려해야 하는지 중요한 교훈을 제공한다.

- 시장 변화를 빠르게 감지하고, 유연하게 대응해야 한다.
- 기존의 성공에 안주하지 말고, 혁신을 지속해야 한다.
- 기술(특히 소프트웨어)에 대한 투자와 개발을 게을리하면 안 된다.
- 내부 조직이 협력하며 신속한 의사결정을 내릴 수 있어야 한다.
- 고객이 원하는 경험을 제공하는 것이 가장 중요하다.

노키아는 한때 세계 최고의 휴대전화 기업이었지만, 변화에 적응하지 못한 결과 시장에서 밀려났다. 지금 당신이 속한 기업이나 비즈니스는 변화에 적응할 준비가 되어 있는가?

07

구글의 사무실에는 왜 미끄럼틀이 있을까?

구글(Google)은 단순한 IT 기업이 아니다. 혁신적인 제품과 서비스를 제공하는 것은 물론이고, 직원들이 자유롭고 창의적으로 일할 수 있는 환경을 조성하는 것으로도 유명하다. 특히, 구글의 사무실에는 일반적인 회사에서 보기 어려운 미끄럼틀, 게임룸, 수면실, 무료 식당 같은 독특한 공간이 많다.

이러한 업무 환경은 단순한 복지가 아니라, 직원들의 창의성과 생산성을 극대화하기 위한 전략적 선택이다. 그렇다면, 왜 구글은 이런 '놀이 같은' 업무 환경을 조성할까? 단순히 직원들을 즐겁게 만들기 위해서일까? 아니면 더 깊은 경영 전략이 숨어 있을까? 구글이 미끄럼틀을 비롯한 독창적인 사무실을 운영하는 이유와, 이를 통해 얻을 수 있는 기업 경영의 교훈을 살펴보자.

창의적인 조직 문화 만들기

구글은 단순한 기술 회사가 아니라, 창의적인 아이디어를 기반으로 혁신을 만드는 기업이다. 검색 엔진, 유튜브, 안드로이드, 클라우드 서비스 등 구글이 성공시킨 많은 제품들은 기존에 없던 새로운 방식을 도입했다.

1. 창의적인 아이디어는 자유로운 환경에서 나온다.

일반적인 기업에서는 직원들이 주어진 업무를 효율적으로 수행하도록 조직이 구성된다. 하지만 구글은 효율성보다는 창의성을 더 중시하는 기업이다. 직원들이 틀에 박힌 방식으로 일하지 않고, 자유롭게 생각하며 새로운 아이디어를 떠올릴 수 있도록 유도한다.

2. 미끄럼틀이 창의성과 무슨 관련이 있을까?

단순히 미끄럼틀을 사무실에 둔다고 창의적인 아이디어가 나오는 것은 아니다. 하지만, 딱딱한 분위기의 사무실보다는 편안하고 유쾌한 환경이 직원들에게 더 나은 아이디어를 떠올릴 기회를 제공한다. 미끄럼틀을 타는 순간만큼은 어린 시절처럼 즐거움을 느낄 수 있고, 이런 경험이 신선한 아이디어를 자극할 수도 있다.

3. 자유로운 분위기 속에서 자발적인 협업이 이루어진다.

구글의 사무실에는 미끄럼틀뿐만 아니라, 게임룸, 카페, 편안한 휴게 공간이 많다. 직원들이 자유롭게 대화를 나누면서 새로운 아이디어를 교환할 수 있도록 설계된 것이다.

창의적인 조직 문화는 단순히 개개인의 아이디어에서 나오는 것이 아니라, 자유로운 환경에서 자발적으로 만들어지는 것이다.

직원 복지를 통한 생산성 향상

많은 기업들은 직원 복지를 중요하게 생각하지만, 여전히 많은 회사에서는 엄격한 규율과 긴 근무시간을 강조한다. 하지만 구글은 반대의 접근 방식을 취한다.

1. 즐겁게 일할 수 있는 환경이 곧 높은 생산성을 만든다.

구글은 직원들이 일에 몰입하면서도, 동시에 즐겁게 일할 수 있는 환경을 조성한다. 대표적으로 업무 중에도 자유롭게 간식을 먹을 수 있는 '무료 카페테리아', 스트레스를 해소할 수 있는 '게임룸', 피로를 풀 수 있는 '수면실' 등이 있다.

2. 미끄럼틀 같은 시설이 실제로 업무 효율을 높이는가?

일반적인 회사에서는 직원들이 일정한 책상에서 집중해서 일하는 것이 당연한 문화다. 하지만, 집중만 한다고 해서 창의적인 아이디어가 나오는 것은 아니다. 오히려 스트레스를 받거나 지칠 때 짧게 쉬고 리프레시(재충전)하는 것이 더 좋은 성과로 이어질 수 있다.

구글의 연구에 따르면, 직원들이 자유롭게 움직이고, 다양한 공간에서 일할 때 오히려 생산성이 올라간다고 한다. 정해진 책상에서만 일하는 것이 아니라, 카페, 공용 공간, 게임룸 등 다양한 환경에서 유연하게 근무하는 것이 더 나은 결과를 만든다.

좋은 복지는 단순한 혜택이 아니라, 업무 효율을 극대화하는 전략이다.

유능한 인재를 끌어들이는 전략

구글이 미끄럼틀 같은 독창적인 사무실 문화를 만든 또 다른 이유는 우수한 인재를 끌어들이기 위해서다.

1. 구글의 경쟁자는 기업이 아니라 '우수한 인재'다.

구글이 성장할 수 있었던 가장 큰 이유는 세계 최고의 인재들이 모였기 때문이다. 뛰어난 개발자, 데이터 분석가, 마케터, 디자이너 등이 구글을 선택하는 이유는 단순히 높은 연봉 때문이 아니라, 자신이 더 창의적으로 일할 수 있는 환경이 제공되기 때문이다.

2. 기존의 직장 문화와 차별화된 근무 환경 제공

전통적인 기업 문화에서는 출근 시간, 업무 방식, 사무실 디자인

등이 모두 정해져 있다. 하지만 구글은 이런 요소들을 파격적으로 바꾸면서, 자율성을 보장하는 혁신적인 근무 환경을 만들었다.

3. 구글이 원하는 인재는 '자율적이고 창의적인 사람'

구글은 직원들에게 단순히 일을 시키는 것이 아니라, 스스로 생각하고 문제를 해결하는 사람을 원한다. 그렇기 때문에 자유로운 업무 환경과 창의적인 공간을 제공하여 유능한 인재들이 자연스럽게 몰려오게 만든다.

경쟁력 있는 인재를 유치하기 위해서는 급여뿐만 아니라, 근무 환경과 기업 문화도 중요하다.

구글 사무실의 교훈

구글의 미끄럼틀은 단순한 놀이 시설이 아니다. 이것은 창의적인 조직 문화, 직원 복지, 인재 유치 전략을 모두 포함한 경영 전략의 일환이다.

- 창의적인 조직 문화를 만들려면, 자유로운 환경이 필요하다.
- 즐겁게 일할 수 있는 환경이 결국 높은 생산성을 만든다.
- 우수한 인재를 끌어들이려면 급여만이 아니라 근무 환경도 중요하다.

이제, 당신이 경영하는 조직은 어떤 환경을 제공하고 있는가? 구글처럼 혁신적인 기업 문화를 도입할 수 있을까? 단순한 미끄럼틀 하나가 아니라, 직원들이 창의적으로 일할 수 있는 공간과 문화를 만들기 위해 무엇이 필요한지 고민해볼 때다.

08
성공한 팀 vs. 실패한 팀

어떤 팀은 빠르게 목표를 달성하고 구성원들이 적극적으로 협력하며 놀라운 성과를 낸다. 반면, 어떤 팀은 내부 갈등이 많고 의사소통이 원활하지 않으며 프로젝트가 지연되는 일이 잦다. 성공하는 팀과 실패하는 팀의 차이는 무엇일까? 많은 기업들이 팀워크의 중요성을 강조하지만, 실제로 효과적인 팀을 운영하는 것은 쉽지 않다.

팀의 성과는 단순히 구성원 개개인의 능력에 따라 결정되는 것이 아니다. 뛰어난 개인들이 모였다고 해서 반드시 성공적인 팀이 되는 것은 아니다. 오히려 팀의 문화, 목표 설정 방식, 의사소통 방식, 리더십 스타일 등이 성과를 좌우하는 결정적인 요인으로 작용한다. 성공하는 팀과 실패하는 팀의 차이를 분석하고, 효과적인 팀을 만들기 위해 필요한 핵심 요소를 살펴보자.

성공한 팀과 실패한 팀의 차이

성공한 팀과 실패한 팀은 여러 가지 측면에서 차이를 보인다. 가장 큰 차이는 목표 설정, 의사소통, 리더십, 역할 분배, 신뢰와 협력에서 나타난다.

1. 명확한 목표 설정 여부가 중요하다.

성공한 팀은 구성원들이 공통된 목표를 분명하게 이해하고 있다. 각자의 역할이 명확하게 정해져 있으며, 목표를 달성하기 위해 어떤 방향으로 나아가야 하는지 알고 있다. 반면, 실패한 팀은 목표가 애매하거나 리더가 방향을 명확하게 제시하지 못하는 경우가 많다. 이럴 경우, 팀원들은 각자의 업무가 팀 전체의 목표와 어떻게 연결되는지 알지 못하고, 결과적으로 협업이 원활하지 않다.

2. 의사소통 방식의 차이가 성과를 좌우한다.

성공한 팀은 팀원들이 자유롭게 의견을 교환하며, 서로의 아이디어를 존중한다. 피드백이 활발하게 오가고, 문제가 발생했을 때 즉시 해결 방안을 찾는다. 반면, 실패한 팀은 일부 팀원만 발언권을 가지거나, 팀원 간 의사소통이 단절되는 경우가 많다. 이로 인해 오해가 쌓이고, 협업이 어려워진다.

3. 리더십 스타일이 팀의 분위기를 결정짓는다.

성공한 팀의 리더는 팀원들의 의견을 존중하며 조율하는 역할을 한다. 구성원들이 스스로 성장할 수 있도록 지원하며, 필요할 때 방향을 제시한다. 반면, 실패한 팀의 리더는 독단적이거나 방임적이다. 독단적인 리더는 팀원들의 의견을 무시하고, 방임적인 리더는 팀을 제대로 이끌지 못한다.

4. 책임감과 역할 분배의 차이가 있다.

성공한 팀에서는 구성원들이 각자의 역할을 명확히 이해하고 책임을 다한다. 한 사람이 모든 일을 떠맡는 것이 아니라, 각자의 강점을 살려 업무를 분배한다. 반면, 실패한 팀은 책임 회피가 심하고, 문제가 발생했을 때 서로에게 책임을 떠넘기거나 특정한 몇 명만 과중한 업무를 맡는 경우가 많다.

5. 신뢰와 협력의 정도가 다르다.

성공한 팀에서는 구성원들이 서로의 능력을 신뢰하고, 도움이 필요할 때 적극적으로 협력한다. 반면, 실패한 팀은 개인적인 목표만 중시하며, 팀워크보다는 개인 성과에 집중하는 경향이 있다.

성공하는 팀을 만들기 위한 핵심 요소

성공하는 팀을 만들기 위해서는 몇 가지 핵심 요소를 고려해야 한다.

1. 명확한 목표 설정이 필요하다.

애매한 목표가 아니라 구체적인 목표를 설정해야 한다. 목표가 명확하면 팀원들은 각자의 역할을 이해하고, 팀 전체가 동일한 방향으로 나아갈 수 있다. 이를 위해 SMART 목표 설정법을 활용하면 효과적이다.

2. 열린 의사소통 문화를 조성해야 한다.

팀원들이 자유롭게 의견을 말할 수 있도록 분위기를 조성하고, 1:1 미팅이나 팀 회의를 정기적으로 운영해야 한다. 팀원들이 의견을 내면 리더는 경청하고 존중하는 태도를 보여야 한다.

3. 효과적인 리더십이 필요하다.

리더는 팀원들을 이끄는 코치(coach)의 역할을 해야 한다. 권위적인 리더십이 아니라, 팀원들의 강점을 살리고 조율하는 리더십이 중요하다. 또한, 팀원들에게 자율성을 부여하고 동기를 부여하는 것이 필요하다.

4. 역할과 책임을 명확하게 분배해야 한다.

각자의 강점과 전문성을 고려하여 업무를 배분하고, 특정한 몇 명에게만 부담이 가지 않도록 공정한 역할 분배가 필요하다.

5. 신뢰와 협력의 문화를 구축해야 한다.

팀원 간 신뢰를 형성하기 위해 서로의 성과를 인정하고 칭찬하는 문화를 만들어야 한다. 또한, 경쟁보다는 협력을 강조하는 분위기를 조성하고, 팀원들이 함께 성장할 수 있도록 지원해야 한다.

성공하는 팀을 만들기 위한 질문

성공하는 팀을 만들기 위해서는 팀의 현재 상태를 점검할 필요가 있다. 다음과 같은 질문을 통해 팀의 강점과 개선점을 파악할 수 있다.

- 우리 팀의 목표는 명확한가?
- 팀원들은 서로 자유롭게 소통하고 있는가?
- 리더는 팀원들의 의견을 존중하고 있는가?
- 팀원들은 각자의 역할을 명확히 이해하고 있는가?
- 팀원 간 신뢰와 협력이 이루어지고 있는가?

이 질문에 '예'라고 대답할 수 있다면, 그 팀은 성공적인 팀이 될 준비가 되어 있다. 하지만 '아니오'라고 대답하는 부분이 있다면, 지금부터라도 변화를 시작해야 한다.

성공하는 팀을 위한 변화는 지금부터

성공하는 팀과 실패하는 팀의 차이는 명확한 목표 설정, 원활한 의사소통, 효과적인 리더십, 공정한 역할 분배, 신뢰와 협력에서 비롯된다. 좋은 팀은 하루아침에 만들어지는 것이 아니다. 하지만 올바른 전략과 노력이 더해진다면, 누구나 성공하는 팀을 만들 수 있다.

팀워크는 단순히 함께 일하는 것이 아니다. 팀원들이 서로 신뢰하고, 협력하며, 목표를 향해 함께 나아갈 때 비로소 '성공하는 팀'이 된다. 조직에서 개인이 성장할 수 있도록 돕는 환경을 조성하는 것이야말로, 성공적인 팀을 만들기 위한 가장 중요한 요소다. 지금 당신의 팀은 성공하는 팀이 될 준비가 되어 있는가?

09

스타벅스는 왜 직원을 '파트너'라고 부를까?

대부분의 기업에서는 직원을 '사원'이나 '직원'이라고 부른다. 하지만 스타벅스는 예외적으로 모든 직원을 '파트너(Partner)'라고 부른다. 단순히 명칭을 다르게 사용하는 것처럼 보이지만, 이 호칭에는 스타벅스의 경영 철학과 조직 문화가 담겨 있다.

스타벅스는 커피를 파는 기업이지만, 단순히 제품을 판매하는 것이 아니라 고객과의 경험을 중요하게 생각하는 브랜드다. 그리고 이러한 철학은 직원들에게도 적용된다. 직원은 단순히 시급을 받고 일하는 노동자가 아니라, 회사의 성장에 기여하는 중요한 구성원이라는 의미에서 '파트너'라는 호칭을 사용한다. 스타벅스는 직원들을 하나의 공동체로 보고, 함께 성장하는 동반자로 대우하려 한다.

이러한 접근 방식은 직원들에게 단순한 노동을 넘어, 회사와 함께 발전하는 주체로서의 인식을 심어준다. 단순한 명칭의 변화일 수도 있지만, 이를 통해 직원들은 업무에 대한 동기부여를 받고, 소속감과 책임감을 갖게 된다.

스타벅스가 '파트너'라는 호칭을 사용하는 이유

스타벅스는 직원들을 단순한 인력으로 보지 않는다. 일반적인 기업에서는 직원들이 회사의 목표를 위해 일하지만, 스타벅스는 직원과 회사가 함께 성장하는 관계라고 생각한다.

스타벅스가 '파트너'라는 표현을 쓰는 이유는 다음과 같다.

1. 직원들의 소속감과 주인의식을 높이기 위해서다.

회사의 운영에 있어서 직원들이 단순한 고용 관계가 아닌, 함께 목표를 이루는 존재라는 인식을 심어주면 업무 태도가 달라진다. 단순히 매장에서 커피를 판매하는 것이 아니라, 고객들에게 좋은 경험을 제공하는 역할을 한다는 인식이 강해진다.

2. 직원 만족도를 높이고 장기적인 고용을 유지하기 위해서다.

직원이 회사를 떠나지 않고 오래 근무하면, 회사 입장에서도 장점이 많다. 새로운 직원을 채용하고 교육하는 데 드는 비용을 줄일 수 있고, 숙련된 직원들이 고객 서비스의 질을 높이기 때문이다. 스타벅스는 이런 점을 고려해 직원들에게 '파트너'라는 호칭을 사용하며,

그들의 만족도를 높이는 다양한 복지 제도를 제공한다.

3. 브랜드 가치를 높이기 위해서다.

스타벅스는 단순히 커피를 파는 것이 아니라, 브랜드 경험을 제공하는 기업이다. 고객이 스타벅스 매장을 찾는 이유는 단순한 음료 때문만이 아니라, 친절하고 전문적인 직원 응대, 편안한 분위기, 높은 서비스 품질 때문이다. 직원들이 '파트너'로 불릴 때, 고객과의 관계에서도 더욱 친밀감을 느끼고, 브랜드 충성도가 높아지는 효과를 얻을 수 있다.

스타벅스의 '파트너' 정책이 가져온 변화

스타벅스가 직원들을 '파트너'라고 부르면서 얻은 가장 큰 효과는 직원들이 업무를 단순한 노동이 아니라 브랜드의 일부로 인식하게 된 것이다.

스타벅스의 직원들은 자신이 단순한 매장 직원이 아니라, 회사의 성공을 함께 만들어가는 중요한 역할을 한다고 느낀다. 이러한 인식은 업무 태도에도 영향을 미쳐, 고객들에게 더 나은 서비스를 제공하려는 동기부여가 된다.

또한, 스타벅스는 단순히 호칭만 바꾼 것이 아니라, 직원 복지에도 많은 투자를 하고 있다. 정규직뿐만 아니라 파트타임 직원에게도 의료 혜택을 제공하고, 일정 기간 이상 근무한 직원에게 주식 매입 기회를 준다. 이렇게 직원들이 회사의 성공에 직접적인 이해관계를 갖도록 함으로써, 더욱 적극적으로 일할 수 있는 환경을 조성했다.

결과적으로, 스타벅스의 직원 만족도는 높은 수준을 유지하고 있으며, 직원들의 이직률이 경쟁 업체보다 낮은 편이다. 이는 기업 운영의 효율성을 높이는 동시에, 브랜드 충성도를 높이는 데에도 긍정적인 영향을 미친다.

다른 기업들이 배울 점

스타벅스의 '파트너' 개념은 단순한 명칭 변경이 아니라, 직원들과의 관계를 개선하고 조직 문화를 발전시키는 전략이다.

많은 기업들이 직원들을 단순한 인력으로만 인식하고 단기적인 비용 절감에 초점을 맞춘다. 하지만 스타벅스는 오히려 직원들에게 투자함으로써 장기적으로 더 큰 성과를 창출하는 모델을 선택했다.

이러한 접근 방식은 단순한 커피 브랜드를 넘어, 고객 경험과 서비스 품질을 개선하는 데 큰 영향을 미쳤다. 직원들이 자신의 일에 만족하고, 브랜드의 가치를 높이는 주체로 인식될 때, 고객과의 관계도 더욱 긍정적으로 변화할 수 있다.

직원과 회사가 함께 성장하는 기업 문화

스타벅스가 직원들을 '파트너'라고 부르는 이유는 단순한 명칭 변경이 아니다. 이는 회사가 직원들을 어떻게 바라보는지, 그리고 조직 문화를 어떻게 운영하는지를 보여주는 중요한 철학이다.

직원들을 존중하고, 그들에게 주인의식을 심어주며, 장기적으로 함께 성장할 수 있는 환경을 조성할 때, 기업은 더욱 건강하게 발전할 수 있다. 스타벅스의 사례는 기업이 직원들을 단순한 노동력이 아니라, 함께 성공을 만들어가는 중요한 존재로 인식할 때 얼마나 긍정적인 결과를 얻을 수 있는지를 잘 보여준다.

경영에서 가장 중요한 요소 중 하나는 사람이다. 기업이 직원들에게 어떤 태도를 가지느냐에 따라 성과가 달라질 수 있으며, 장기적으로 브랜드의 가치에도 큰 영향을 미친다. 스타벅스의 '파트너' 개념은 직원과 기업이 함께 성장하는 문화를 만들어가는 좋은 사례라고 할 수 있다.

10

애플은 어떻게 팬덤을 만들었을까?

애플(Apple)은 단순한 IT 기업이 아니다. 이 회사는 제품을 판매하는 것을 넘어, 전 세계 수많은 소비자들이 열광하는 '팬덤(Fandom)'을 구축했다. 사람들은 새로운 아이폰이 출시될 때마다 밤새 줄을 서고, 애플의 발표 이벤트를 기다리며, 애플 제품만을 고집하는 충성 고객이 된다. 이런 애플의 브랜드 충성도는 어떻게 형성되었을까? 애플은 어떤 전략을 통해 소비자를 '팬'으로 만들었을까?

브랜드가 아닌 '철학'을 판다

애플이 단순한 전자제품 제조사가 아니라는 점은 그들의 광고와 제품 기획을 보면 알 수 있다. 애플은 항상 기술보다 철학을 강조하는 기업이었다.

대표적인 예가 'Think Different'(다르게 생각하라) 캠페인이다. 애플은 제품을 직접 홍보하는 대신, 세상을 변화시킨 혁신가들(알베르트 아인슈타인, 마하트마 간디, 마틴 루터 킹 주니어 등)을 광고에 등장시켰다. 이 캠페인은 애플이 단순한 IT 기업이 아니라, 창의적이고 도전적인 정신을 가진 사람들을 위한 브랜드라는 인식을 심어주었다.

애플은 제품을 단순히 기능적인 도구로 홍보하지 않는다. 오히려 애플 제품을 사용하면 더 창의적이고 혁신적인 사람이 될 수 있다는 메시지를 전달한다. 이러한 철학이 소비자들에게 강하게 각인되었고, 그들은 애플 제품을 단순한 전자기기가 아니라 자신의 정체성을 표현하는 도구로 인식하게 되었다.

심플함과 직관성 - 제품 디자인에서의 차별화

애플이 팬을 만들 수 있었던 또 하나의 핵심 요소는 단순함(Simple)과 직관성(Intuitive)이다.

대부분의 IT 기업들은 더 많은 기능과 복잡한 사양을 강조하며 제품을 홍보하지만, 애플은 '누구나 쉽게 사용할 수 있는 기술'에 집중했다. 애플의 창업자 스티브 잡스는 "복잡한 것을 단순하게 만드는 것이 진정한 혁신"이라고 말했다.

이를 제품 디자인에서도 철저히 적용했다.

1. 미니멀한 디자인

애플 제품은 군더더기 없는 디자인을 추구한다. 물리적 버튼을 최소화하고, 심플한 인터페이스를 제공한다. 아이폰이 처음 나왔을 때, 기존의 휴대폰들과 비교해 버튼이 거의 없었다. 이처럼 애플은 사용자가 직관적으로 이해할 수 있도록 디자인을 단순화했다.

2. 쉬운 사용법

애플 제품은 설명서 없이도 사용할 수 있을 정도로 직관적이다. 마우스를 사용하지 않아도 화면을 터치하는 직관적인 방식, 처음 보는 사람도 쉽게 사용할 수 있는 UI(User Interface) 설계가 강력한 경쟁력이 되었다.

이러한 디자인 철학 덕분에 소비자들은 애플 제품을 사용하는 경험 자체가 '편리하고 즐겁다'고 느끼게 된다. 그 결과, 한번 애플 제품을 사용한 소비자들은 다른 브랜드로 쉽게 이동하지 않는다.

폐쇄적인 생태계 - 충성도를 높이는 전략

애플은 개방형 플랫폼보다는 자사 제품만의 독자적인 생태계를 구축하는 전략을 선택했다.

1. 맥북, 아이폰, 아이패드, 애플 워치가 하나의 시스템으로 연결

- 애플 기기들은 서로 긴밀하게 연결되어 있다.
- 아이폰에서 보던 문서를 맥북에서 그대로 이어서 볼 수 있고,

애플 워치에서 받은 알림을 아이패드에서도 확인할 수 있다.

- 애플 제품을 하나 쓰기 시작하면, 자연스럽게 다른 애플 제품으로 확장하게 된다.

2. 애플만의 독자적인 운영 체제(iOS, macOS)

- 대부분의 스마트폰 브랜드가 구글의 안드로이드(Android)를 사용하는 것과 달리, 애플은 iOS라는 독자적인 운영 체제를 사용한다.

- 이는 애플만의 독창적인 사용자 경험(UX)을 제공하며, 다른 브랜드로 쉽게 이동하지 못하도록 만든다.

이처럼 애플의 생태계는 소비자가 다른 브랜드로 갈아타기 어렵게 만드는 '락인(Lock-in) 효과'를 극대화한다.

감성적인 광고와 프레젠테이션 - 소비자의 감성을 자극하다

애플의 마케팅 전략은 제품의 사양을 강조하는 것이 아니다. 대신, 감성적인 접근법을 통해 소비자의 공감을 얻는다.

1. 스토리텔링 광고

애플의 광고를 보면 단순히 제품을 나열하는 것이 아니라, 사람들이 애플 제품을 사용하면서 겪는 특별한 순간을 담아낸다. 예를 들어, 아이폰 광고에서는 '어떤 기능이 뛰어나다'는 설명 대신, '사랑하는 사람과의 추억을 기록하는 장면'을 강조한다.

2. 스티브 잡스의 프레젠테이션

애플의 제품 발표 이벤트(Apple Event)는 단순한 신제품 공개가 아니다. 마치 영화처럼 기승전결이 있는 스토리로 구성된다. 스티브 잡스는 '서프라이즈' 요소를 활용하여 신제품을 소개하며, 발표하는 순간에도 소비자들이 감탄하도록 만든다.

애플의 이런 감성적인 접근 방식은 소비자들에게 '애플 제품을 사용하는 것이 단순한 소비가 아니라, 특별한 경험'이라는 인식을 심어준다.

커뮤니티 형성과 팬덤 문화

애플은 단순한 브랜드가 아니라, 하나의 커뮤니티다.

1. 애플 스토어 경험

- 애플은 단순한 매장이 아니라, '체험 공간'을 제공한다.
- 제품을 직접 만지고 사용해볼 수 있는 열린 공간, 친절한 직원들의 상담 서비스, 애플 제품을 더 잘 활용하는 법을 배울 수 있는 'Today at Apple' 세션 등이 고객 경험을 극대화한다.

2. 애플 팬덤의 형성

- 애플 사용자들은 단순한 소비자가 아니라, 브랜드의 팬이 된다.
- 온라인 커뮤니티에서 애플 제품에 대해 토론하고, 신제품이 출시될 때마다 함께 기대한다.
- 이는 자연스럽게 입소문(Word of Mouth) 마케팅 효과를 만들어낸다.

애플의 팬을 만드는 전략

1. **철학을 판다** - 제품이 아닌 'Think Different' 같은 가치관을 홍보
2. **심플함과 직관성** - 복잡한 기술이 아니라, 누구나 쉽게 사용할 수 있는 디자인
3. **독자적인 생태계 구축** - 애플 제품을 한번 쓰기 시작하면 계속 사용하게 만드는 시스템
4. **감성적인 광고와 스토리텔링** - 소비자의 감정을 움직이는 브랜드 경험 제공
5. **커뮤니티와 팬덤 문화 조성** - 고객을 브랜드의 팬으로 만드는 전략

애플의 이러한 전략 덕분에 사람들은 단순한 소비자가 아니라, 브랜드의 일부가 된 것처럼 느끼게 된다. 그리고 이것이 바로 애플이

오랜 시간 동안 강력한 브랜드 충성도를 유지할 수 있었던 비결이다.

애플은 단순한 전자제품 제조사가 아니다. 소비자의 감성을 사로잡고, 브랜드 철학을 전달하며, 독자적인 생태계를 구축하는 '경험의 브랜드'다. 기업이 소비자를 단순한 고객이 아니라, 팬으로 만들 때 브랜드는 더욱 강력해진다. 애플이 바로 그 대표적인 성공 사례다.

11

1+1이 꼭 이득일까?

슈퍼마켓, 편의점, 마트에서 흔히 볼 수 있는 '1+1' 행사. 물건을 하나 사면 하나를 더 주는 이 프로모션은 소비자들에게 커다란 혜택처럼 보인다. "한 개 가격에 두 개를 받을 수 있다니, 무조건 이득 아닌가?"라고 생각하기 쉽다. 하지만 정말 그럴까?

많은 기업들이 '1+1' 프로모션을 활용하는 이유는 단순히 소비자들에게 혜택을 주기 위해서가 아니다. 기업은 '1+1'을 통해 더 큰 이익을 얻는다. 그 원리는 무엇이며, 소비자 입장에서 이 프로모션을 어떻게 바라봐야 할까?

기업이 1+1을 하는 진짜 이유

겉으로 보기에는 소비자들이 이득을 보는 것처럼 보이지만, 사실 1+1 행사는 기업이 철저한 전략을 바탕으로 실행하는 마케팅 기법이다. 그 이유는 다음과 같다.

1. 재고 처리 전략

기업이 특정 제품을 빠르게 소진하고 싶을 때 1+1을 활용하는 경우가 많다. 예를 들어, 유통기한이 얼마 남지 않은 제품이나 시즌이 지나가는 상품은 그대로 두면 손실이 발생할 수 있다. 이때 1+1을 적용하면 소비자들은 두 개를 받는다는 인식에 기뻐하면서도, 기업은 재고를 효과적으로 정리할 수 있다.

2. 소비 습관 유도

1+1을 경험한 소비자들은 특정 브랜드나 제품을 반복적으로 구매하는 습관이 생길 가능성이 높아진다. 예를 들어, 한 번도 사용해보지 않은 샴푸를 1+1 행사로 구매해 사용하다가 만족하면, 이후에도 같은 브랜드를 선택할 확률이 높아진다. 결국 기업은 장기적인 고객을 확보할 수 있게 된다.

3. 가격 인상 전환

일부 기업들은 1+1 프로모션을 한 후, 행사가 끝난 뒤 가격을 인상하는 전략을 사용한다. 처음에는 소비자들이 1+1 덕분에 저렴한 가격에 제품을 사용하지만, 이후 가격이 올라가더라도 익숙해진 제품을 계속 구매하는 패턴이 형성될 수 있다.

4. 단가 조정 효과

1+1 행사가 진행될 때, 개당 가격을 평소보다 약간 높이는 경우가 있다. 예를 들어, 원래 한 개에 3,000원이던 상품이 1+1 행사에서는 6,500원으로 조정되기도 한다. 이렇게 하면 소비자는 '1개 가격에 1개를 더 받았다'고 생각하지만, 실질적으로 기업은 단가를 유지하거나 심지어 더 높은 이익을 낼 수도 있다.

소비자 입장에서 1+1이 정말 이득일까?

그렇다면 소비자는 1+1 프로모션을 어떻게 바라봐야 할까? 무조건 좋은 혜택이라고 생각하기보다는, 몇 가지 고려해야 할 점이 있다.

1. 내가 정말 필요한 제품인가?

- 1+1 제품을 보면 '무조건 사야 한다'는 생각이 들지만, 정작 사용하지 않으면 의미가 없다.
- 한 번도 사용하지 않았던 화장품, 유통기한이 짧은 식품 등을 충동적으로 구매하면 오히려 돈을 낭비할 수 있다.

2. 개별 가격과 행사 가격 비교하기

- 1+1이 적용된 가격이 이전 가격보다 더 높아졌는지 확인하는 것이 중요하다.
- 만약 1개를 구매할 때와 비교해 가격 차이가 크다면, 필요한 양

만 사는 것이 더 나을 수도 있다.

3. 장기적인 소비 패턴을 고려하기

- 행사에 이끌려 브랜드를 바꾸는 것이 항상 좋은 선택은 아닐 수 있다.
- 장기적으로 사용할 제품인지, 품질이 괜찮은지 검토한 후 구매하는 것이 더 현명한 소비 방식이다.

기업과 소비자가 모두 만족할 수 있는 균형 찾기

1+1 프로모션은 기업에게는 마케팅 전략이지만, 소비자에게는 기회이자 함정이 될 수도 있다. 가장 좋은 방법은 스마트한 소비 습관을 갖는 것이다.

- 기업 입장에서는 1+1을 통해 단기적인 매출 증가와 브랜드 충성도를 높이는 전략을 세울 수 있다.
- 소비자 입장에서는 자신에게 필요한 제품인지, 실질적인 혜택이 있는지를 따져본 후 구매하는 것이 중요하다.

1+1이 꼭 이득이 아닐 수도 있다는 점을 이해하면, 더욱 합리적인 소비 결정을 내릴 수 있다. 기업의 마케팅 전략을 알고 나면, 소비자는 단순한 '할인'에 현혹되지 않고 자신에게 맞는 제품을 선택할 수 있게 된다.

결국, 1+1이 진짜 이득인지 아닌지는 어떻게 활용하느냐에 따라 달라진다.

12

쿠팡과 마켓컬리는 어떻게 우리의 소비 습관을 바꿨을까?

오늘날 온라인 쇼핑은 단순한 편리함을 넘어, 우리의 생활 방식을 완전히 변화시켰다. 그 중심에는 쿠팡과 마켓컬리가 있다. 이 두 기업은 각각 '빠른 배송'과 '프리미엄 신선식품'이라는 차별화된 전략을 통해 한국 소비자들의 구매 습관을 혁신적으로 바꿨다. 과거에는 마트나 시장에서 직접 물건을 보고 구매하는 것이 일반적이었다면, 이제는 클릭 한 번으로 원하는 상품을 주문하고 몇 시간 만에 받을 수 있는 시대가 되었다. 그렇다면, 쿠팡과 마켓컬리는 어떻게 이러한 변화를 이끌어낸 것일까?

쿠팡 - 속도가 경쟁력이다

쿠팡의 핵심 전략은 '빠른 배송'이다. '로켓배송'이라는 개념을 도입하며, 주문한 상품을 하루 만에 받아볼 수 있도록 시스템을 구축했다. 이 전략이 성공할 수 있었던 이유는 다음과 같다.

1. 자체 물류망 구축

쿠팡은 단순한 온라인 쇼핑몰이 아니다. 자체 물류센터를 운영하며, 배송 과정 전반을 직접 관리한다. 대부분의 온라인 쇼핑몰이 택배사에 의존하는 것과 달리, 쿠팡은 자체 배송 시스템인 '쿠팡친구'(쿠팡맨)를 통해 빠르고 안정적인 배송 서비스를 제공한다. 이를 통해 배송 속도를 극대화할 수 있었고, 소비자들은 '쿠팡에서 주문하면 다음 날 받을 수 있다'는 신뢰를 갖게 되었다.

2. 새벽배송과 당일배송

쿠팡은 단순히 빠른 배송을 넘어, 새벽배송과 당일배송이라는 차별화된 서비스를 제공하며 소비자들의 기대치를 더욱 높였다. 예를 들어, 밤 12시 이전에 주문하면 다음 날 아침 7시 전에 상품을 받아볼 수 있다. 이처럼 '즉시성'이 강조된 서비스는 소비자들에게 높은 만족도를 제공하며, 오프라인 쇼핑보다 온라인 쇼핑을 선호하게 만드는 결정적인 요인이 되었다.

3. 쿠팡 와우 멤버십 - 충성 고객 확보

쿠팡은 월정액 멤버십인 '쿠팡 와우'를 통해 고객을 락인(Lock-in)하는 전략을 사용했다. 와우 멤버십을 구독하면 로켓배송은 물론,

추가 할인 혜택과 무료 반품 서비스까지 받을 수 있다. 이는 고객이 지속적으로 쿠팡을 이용하도록 유도하는 강력한 마케팅 전략이 되었다.

결과적으로 쿠팡의 속도 중심 전략은 한국 소비자들의 쇼핑 습관을 변화시키는 데 결정적인 역할을 했다. 과거에는 물건을 미리 구매해 두는 것이 일반적이었다면, 이제는 '필요할 때 바로 주문하면 된다'는 인식이 확산되었다.

마켓컬리 – 신선함을 배송하다

마켓컬리는 쿠팡과는 다른 방식으로 소비자들의 구매 습관을 바꾸었다. 쿠팡이 '빠른 배송'에 초점을 맞췄다면, 마켓컬리는 '프리미엄 신선식품'을 차별화 포인트로 삼았다.

1. 새벽배송과 신선도 유지 시스템

마켓컬리는 신선식품을 주문하면 다음 날 아침 문 앞에 배송하는 '샛별배송' 서비스를 도입했다. 일반적으로 온라인 쇼핑에서 신선식품을 구매하는 것은 불안 요소가 많다. 하지만 마켓컬리는 콜드체인(저온 유통 시스템)을 활용하여 신선도를 유지하면서도 빠르게 배송하는 체계를 구축했다. 소비자들은 이제 장을 보러 나가지 않아도 집에서 간편하게 신선한 식재료를 받아볼 수 있게 되었다.

2. 프리미엄 상품 큐레이션

마켓컬리는 단순한 온라인 마트가 아니다. 소비자들에게 차별화된 가치를 제공하기 위해 엄선된 프리미엄 상품만을 판매하는 전략을 취했다. 예를 들어, 일반 대형마트에서는 쉽게 구할 수 없는 유기농 식품, 프리미엄 베이커리, 특산물 등을 제공하며 소비자들의 '취향 소비' 욕구를 자극했다.

3. 브랜드 이미지 - 고급스러움과 신뢰

마켓컬리는 제품을 단순히 판매하는 것이 아니라, '브랜드 가치'를 중요하게 여겼다.

- 상품 사진을 감각적으로 배치하여 소비자들이 더 고급스러운 느낌을 받도록 했다.
- 제품 설명도 단순한 정보 전달이 아니라, 마치 스토리를 읽는 듯한 형식으로 구성하여 소비자들에게 신뢰를 주었다.
- 이를 통해 마켓컬리는 단순한 온라인 식료품점이 아니라, 프리미엄 라이프스타일을 제안하는 브랜드로 자리 잡았다.

결과적으로, 마켓컬리는 '시간을 절약하면서도 품질 좋은 제품을 원하는 소비자'를 타겟으로 삼으며, 신선식품 온라인 구매 시장을 개척했다.

쿠팡과 마켓컬리의 차별화 전략 - 무엇이 달랐을까?

구분	쿠팡	마켓컬리
핵심 전략	빠른 배송 (로켓배송, 새벽배송, 당일배송)	프리미엄 신선식품 (샛별배송, 콜드체인)
고객 타겟	즉시성이 중요한 소비자	품질과 프리미엄을 중시하는 소비자
주요 서비스	쿠팡 와우 멤버십, 자체 물류 시스템	신선식품 큐레이션, 감성적인 브랜드 이미지
대표적 변화	'필요할 때 바로 주문하는 습관' 형성	'온라인에서도 고품질 신선식품을 구매하는 문화' 형성

쿠팡과 마켓컬리는 각각의 차별화된 전략을 통해 한국 소비자들의 쇼핑 방식을 바꾸는 데 성공했다. 쿠팡은 빠른 배송으로 소비자들의 기대치를 높였고, 마켓컬리는 프리미엄 식품과 감성적인 브랜드 전략으로 충성 고객을 확보했다.

우리가 배울 수 있는 점 - 변화하는 소비 트렌드

쿠팡과 마켓컬리의 성공 사례는 소비자들의 라이프스타일 변화를 반영하고 있다. 과거에는 직접 장을 보고, 오프라인에서 구매하는 것이 일반적이었지만, 이제는 온라인에서 더 빠르고, 더 신선한 상품을 선택하는 시대가 되었다.

이를 통해 배울 수 있는 핵심 교훈은 다음과 같다.

1. 소비자는 점점 더 편리함을 원한다

빠른 배송과 간편한 쇼핑 경험이 소비자들에게 중요한 요소가 되었다.

즉각적인 만족감을 제공하는 서비스가 시장에서 경쟁력을 갖는다.

2. 차별화된 가치를 제공해야 한다

쿠팡이 '속도'를 차별화했다면, 마켓컬리는 '프리미엄 품질'을 차별화했다.

단순한 가격 경쟁이 아니라, 소비자들이 원하는 새로운 가치를 제공하는 것이 중요하다.

3. 온라인과 오프라인의 경계가 흐려지고 있다

이제 소비자들은 신선식품조차도 온라인에서 구매하는 것이 당연해졌다.

기업들은 온라인 쇼핑 경험을 더 편리하고 신뢰할 수 있도록 만드는 것이 필수적인 요소가 되었다.

결국, 쿠팡과 마켓컬리는 소비자의 니즈를 정확히 파악하고, 기존의 유통 방식을 혁신적으로 변화시켰기 때문에 성공할 수 있었다.

소비자의 습관은 계속해서 바뀌고 있다. 새로운 소비 트렌드를 이해하고, 차별화된 가치를 제공하는 기업만이 미래의 시장을 선도할 수 있을 것이다.

13

스타트업은 왜 항상 돈이 부족할까?

스타트업을 창업하면 가장 먼저 마주하는 현실적인 문제는 돈이다. "좋은 아이디어만 있으면 투자도 받고, 빠르게 성장할 수 있지 않을까?"라고 생각할 수도 있다. 하지만 많은 스타트업이 현금 흐름 부족으로 인해 성장하지 못하고 문을 닫는다. 왜 스타트업은 항상 돈이 부족할까? 그리고 이를 해결하기 위해 어떤 전략이 필요할까?

스타트업은 처음부터 돈이 없다

대기업은 기존의 수익 구조와 탄탄한 자본을 바탕으로 운영된다. 반면, 스타트업은 처음부터 자금이 부족한 상태에서 출발한다.

1. 제품을 만들기도 전에 돈이 필요하다

스타트업은 초기 단계에서 제품 개발, 인건비, 마케팅 비용 등 다양한 비용이 발생한다. 아직 고객이 없거나 매출이 크지 않은 상태에서, 지속적으로 비용이 나가므로 돈이 항상 부족할 수밖에 없다.

2. 고정 비용이 계속 쌓인다

사무실 임대료, 직원 급여, 각종 운영비는 스타트업이 수익을 내기 전부터 지속적으로 발생한다. 특히, 기술 기반 스타트업의 경우 개발 인력을 유지하는 비용이 크기 때문에 투자 없이 운영하기 어렵다.

3. 매출보다 비용이 빠르게 증가한다

스타트업이 성장하려면 제품 개발과 마케팅이 필수적이다. 하지만 이를 위한 비용이 매출보다 빠르게 증가하는 경우가 많다. 예를 들어, 광고비를 늘려 고객을 확보하려 하지만, 실제 매출이 이를 따라오지 못하면 자금이 부족해진다.

스타트업이 돈을 모으는 방법

스타트업은 현금을 확보하기 위해 여러 가지 방법을 활용한다. 하지만 각각의 방법에는 장점과 단점이 있다.

1. 개인 자금(자기자본) 활용

창업자가 자신의 돈을 투자하는 방식이다.

초기에 가장 쉬운 방법이지만, 금액이 제한적이며 실패할 경우 모든 손실을 감당해야 한다.

2. 엔젤 투자 & 벤처캐피털 투자 유치

엔젤 투자자는 초기 스타트업에 자금을 지원하는 개인 투자자이며, 벤처캐피털(VC)은 기업에 투자하는 전문 기관이다.

- **장점** : 대규모 자금을 확보할 수 있고, 투자자로부터 경영 조언을 받을 수 있다.
- **단점** : 투자자의 요구 사항이 많아 경영권을 일부 포기해야 할 수도 있다.

3. 정부 지원금 & 창업 대출

정부는 스타트업을 지원하기 위해 다양한 지원금과 창업 대출 프로그램을 운영한다.

- **장점** : 일정 조건을 충족하면 투자 유치 없이도 자금을 확보할 수 있다.
- **단점** : 지원 대상이 제한적이며, 자금이 필요한 시점에 맞춰 조달하기 어렵다.

4. 크라우드펀딩

와디즈, 킥스타터 같은 플랫폼을 통해 대중으로부터 자금을 모으는 방식이다.

- **장점** : 시장 반응을 미리 확인할 수 있고, 브랜드 홍보 효과가 있다.
- **단점** : 성공률이 낮고, 목표 금액을 모으지 못하면 투자금을 받을 수 없다.

5. 수익을 빠르게 창출하는 비즈니스 모델

스타트업이 자체 수익을 창출할 수 있도록 빠르게 제품을 출시하고 고객을 확보하는 전략이다.

- 장점 : 외부 투자 없이도 지속 가능한 사업 운영이 가능하다.
- 단점 : 초기 자본이 부족하면 제품 개발과 마케팅에 한계가 있다.

스타트업이 돈을 효율적으로 쓰는 방법

스타트업은 한정된 자금을 효율적으로 관리하는 것이 매우 중요하다. 다음과 같은 방법을 통해 비용을 절감할 수 있다.

1. 최소 기능 제품으로 시작하기

완벽한 제품을 만들기 전에 최소한의 기능만 갖춘 MVP(Minimum Viable Product)를 먼저 출시해 시장 반응을 확인하는 것이 중요하다. 예를 들어, 배달 앱을 개발하려는 경우, 완벽한 기능을 갖춘 앱을 만들기 전에 웹페이지나 간단한 앱을 통해 고객 반응을 살펴보는 것이 효과적이다.

2. 고정비용을 최소화하기

사무실 임대료, 마케팅 비용, 인건비 등 고정 비용을 줄이면 현금 흐름을 안정적으로 유지할 수 있다. 예를 들어, 공유 오피스를 활용하거나 필수 인력만 채용하는 방식으로 비용을 절감할 수 있다.

3. 성장 속도 조절하기

많은 스타트업이 빠르게 성장하려다 현금이 부족해지는 문제를 겪는다. 너무 많은 직원을 고용하거나 과도한 마케팅 비용을 지출하면 자금이 금방 고갈될 수 있다.

4. 데이터 기반 의사결정

스타트업은 모든 지출을 신중하게 관리해야 한다. 데이터를 분석하여 효과적인 투자 전략을 세우는 것이 중요하다. 예를 들어, 어떤 마케팅 채널이 가장 높은 수익을 창출하는지 분석한 후, 해당 채널에 집중 투자하는 전략을 활용할 수 있다.

스타트업이 지속적으로 성장하려면?

스타트업은 항상 자금 부족 문제를 겪지만, 효과적인 자금 관리와 전략적 의사결정을 통해 지속적으로 성장할 수 있다. 성공한 스타트업들은 다음과 같은 전략을 사용했다.

1. 핵심 고객을 빠르게 확보하기

수익을 창출할 수 있는 고객을 빠르게 확보하여 자체 자금으로 성장하는 것이 이상적이다. 예를 들어, 배달의민족은 초기에 배달업체와 소비자를 빠르게 연결하는 서비스에 집중하여 고객 기반을 확보했다.

2. 지속적인 투자 유치 전략 수립

투자 유치는 스타트업의 성장에 중요한 요소다. 기업 가치를 높여 추가 투자를 받을 수 있도록 체계적인 전략을 세우는 것이 필요하다. 예를 들어, 쿠팡은 지속적인 투자 유치를 통해 공격적인 물류 확장을 진행하며 시장 점유율을 높였다.

3. 비용 효율적인 성장 모델 구축

단순히 매출을 늘리는 것이 아니라, 수익성이 높은 모델을 만드는 것이 중요하다. 예를 들어, SaaS(Software as a Service) 모델을 활용하면 초기 개발 비용이 들지만, 이후에는 낮은 비용으로 지속적인 매출을 창출할 수 있다.

돈이 부족한 스타트업, 해결책은?

스타트업이 항상 돈이 부족한 이유는 수익보다 비용이 빠르게 증가하기 때문이다. 이를 해결하기 위해서는 현명한 자금 관리와 효율적인 성장 전략이 필요하다.

- 초기 비용을 절감하며, MVP로 빠르게 시장 반응을 확인한다.
- 고정비를 최소화하고, 가장 효과적인 마케팅 채널을 선택한다.
- 외부 투자 유치와 함께, 자체 수익 모델을 구축하여 재정적으로 독립할 수 있도록 한다.
- 빠르게 성장하기보다는, 지속 가능한 성장을 목표로 운영한다.

스타트업은 단기간 내에 큰돈을 벌기 어려운 구조이지만, 전략적으로 운영하면 꾸준히 성장할 수 있다. 돈이 부족한 것이 스타트업의 숙명이 아니라, 이를 해결하는 방법을 아는 것이 성공의 열쇠이다.

14
유니클로는 왜 할인 없이도 잘 팔릴까?

대부분의 의류 브랜드는 시즌마다 대규모 할인 행사를 진행한다. 하지만 유니클로는 세일 없이도 꾸준한 판매를 유지하며 높은 수익을 올리고 있다. 경쟁 브랜드들이 지속적으로 가격을 낮추며 고객을 유치하려 할 때, 유니클로는 왜 이런 방식이 필요하지 않을까? 유니클로가 할인 없이도 성공할 수 있었던 이유를 제품 전략, 가격 정책, 브랜드 이미지, 공급망 관리 네 가지 측면에서 살펴보자.

기본에 충실한 제품 전략

유니클로는 트렌드를 좇기보다 기본에 충실한 옷을 만든다. 최신 유행을 반영하는 패스트패션 브랜드인 자라(ZARA)나 H&M과는 달리, 유니클로는 시즌마다 크게 변화하는 디자인보다 기본적인 아이템을 반복적으로 생산하는 전략을 택했다.

1. 베이직한 디자인

유니클로의 대표 제품인 히트텍, 울트라 라이트 다운, 에어리즘 등은 시즌마다 새롭게 출시되지만, 기본적인 디자인과 기능성은 유지된다. 이렇게 하면 유행이 지나도 계속 입을 수 있기 때문에 소비자들은 신뢰를 가지고 제품을 구매한다.

2. 기능성과 품질 중심

유니클로는 단순한 패션 브랜드가 아니라, 기능성 의류 브랜드로 자리 잡았다. 예를 들어, 히트텍은 겨울철 보온 효과를 높이기 위해 개발된 특수 소재를 사용하며, 에어리즘은 여름철 땀 흡수와 통기성을 강화한 제품이다. 이러한 기능성 제품들은 단순한 유행이 아니라, 소비자의 실생활에 가치를 제공하기 때문에 꾸준한 수요가 발생한다.

3. 소비자 니즈를 반영한 컬래버레이션

유니클로는 기본 제품 외에도 다양한 디자이너 브랜드 및 캐릭터 컬래버레이션을 진행한다. JW 앤더슨, 마리메꼬, KAWS, 피너츠(스누피), 유트(Uniqlo UT) 시리즈 등과 같은 협업 제품들은 소비자들에게 신선한 느낌을 주면서도, 브랜드의 본질을 해치지 않는 선에서 기획된다.

전략적인 가격 정책

유니클로의 가격 정책은 단순한 '저가 전략'이 아니라, 가성비를 극대화하는 방식이다.

1. 품질 대비 합리적인 가격

유니클로의 제품은 일반적인 패스트패션 브랜드보다 조금 더 높은 품질을 유지하면서도 가격이 합리적이다. 예를 들어, 히트텍이나 울트라 라이트 다운 재킷 같은 제품은 고급 브랜드의 기능성 의류와 비교해도 큰 차이가 없지만, 가격은 훨씬 저렴하다. 소비자들은 유니클로 제품을 구매하면서 "이 정도 품질에 이 가격이면 충분히 납득할 만하다"라고 느끼게 된다.

2. 불필요한 할인 경쟁 회피

일반적인 의류 브랜드는 할인 행사를 통해 소비자의 구매를 유도하지만, 유니클로는 특정 시즌을 제외하고 대규모 세일을 거의 하지 않는다. 할인 행사가 잦아지면 소비자들은 정가로 구매하기를 꺼리게 되며, 결국 브랜드 가치가 떨어진다. 유니클로는 일정한 가격 정책을 유지함으로써 브랜드 신뢰도를 유지하는 전략을 선택했다.

3. 대량 생산을 통한 원가 절감

유니클로는 대량 생산 시스템을 통해 제품의 단가를 낮춘다. 기본적인 제품을 대량으로 생산하고, 이를 장기간 판매하는 방식은 패스트패션 브랜드처럼 빠르게 제품을 바꿔가며 소량씩 생산하는 방식보다 훨씬 효율적이다.

브랜드 이미지와 고객 충성도

유니클로는 단순한 의류 브랜드가 아니라, 라이프스타일 브랜드로 자리 잡았다.

1. 일본식 미니멀리즘을 반영한 브랜드 정체성

유니클로는 과하지 않은 디자인, 실용적인 기능, 깔끔한 매장 디스플레이를 통해 '미니멀한 라이프스타일'을 제안한다. 이런 브랜드 이미지 덕분에 소비자들은 유니클로를 단순한 옷가게가 아니라, 자신의 삶을 편리하게 만들어주는 브랜드로 인식하게 된다.

2. 전 연령층을 아우르는 제품 라인업

유니클로는 특정 연령층을 타겟으로 하지 않는다. 유아부터 성인, 노인까지 모든 연령대가 입을 수 있는 기본적인 제품을 제공한다. 특히, 기능성 제품은 연령과 성별에 관계없이 많은 사람들이 필요로 하는 의류이기 때문에, 장기적인 브랜드 충성도를 높이는 데 효과적이다.

3. 오프라인 매장의 경험 극대화

유니클로는 매장 내에서 제품을 직접 체험할 수 있도록 구성한다. 예를 들어, 히트텍의 보온성을 직접 확인할 수 있도록 작은 실험 공간을 마련하거나, 매장에서 자유롭게 제품을 입어볼 수 있도록 배치하는 등 고객 경험을 최우선으로 한다.

강력한 공급망 관리 시스템

유니클로가 경쟁 브랜드보다 낮은 가격을 유지하면서도 품질을 유지할 수 있는 가장 큰 이유는 강력한 공급망 관리(SCM, Supply Chain Management) 덕분이다.

1. SPA 모델 활용

유니클로는 패스트패션 브랜드처럼 SPA(제조-유통 일괄 시스템)을 운영한다. 디자인부터 생산, 유통까지 모든 과정을 직접 관리하며, 이를 통해 불필요한 유통 단계를 줄이고 비용을 절감할 수 있다.

2. 글로벌 원자재 공급망 확보

유니클로는 세계 각지의 원자재 공급업체와 직접 계약을 맺고 있다. 예를 들어, 고급 면 소재는 미국이나 이집트의 프리미엄 면을 사용하며, 일부 제품은 일본에서 개발된 기능성 원단을 활용한다. 원자재부터 품질을 관리하기 때문에, 불필요한 중간 비용 없이 경쟁력 있는 가격을 유지할 수 있다.

3. 빠른 재고 회전율 관리

유니클로는 AI 기반의 수요 예측 시스템을 활용하여 최적의 재고를 유지한다. 인기 있는 제품은 빠르게 추가 생산하고, 수요가 낮은 제품은 신속하게 매장에서 철수시킨다. 이 덕분에 불필요한 재고 비용을 줄일 수 있다.

유니클로는 가격이 아니라 '가치'를 판다

유니클로가 할인 없이도 꾸준한 판매를 유지할 수 있는 이유는, 소비자들에게 가격 이상의 '가치'를 제공하기 때문이다. 단순히 저렴한 옷이 아니라, 기능성, 품질, 실용성, 브랜드 경험 등을 종합적으로 고려한 전략을 활용한다.

- 기본적인 제품에 집중하고, 기능성을 강조한다.
- 과도한 할인 경쟁에 휘말리지 않고, 가격 정책을 유지한다.
- 브랜드 이미지를 구축해 소비자의 신뢰를 얻는다.
- 강력한 공급망 관리를 통해 비용을 절감한다.

결국, 유니클로는 '저렴한 브랜드'가 아니라 '합리적인 가치를 제공하는 브랜드'라는 인식을 소비자들에게 심어주었고, 덕분에 할인 없이도 꾸준한 성장을 이어가고 있다.

15

테슬라는 왜 매출보다 주가가 중요할까?

테슬라는 매출과 수익보다 주가(Stock Price)가 더 중요한 기업 중 하나로 꼽힌다. 전통적인 자동차 제조사들은 차량을 많이 판매하고, 수익을 극대화하는 것이 기업의 성공 척도가 된다. 하지만 테슬라는 단순히 전기차를 판매하는 회사가 아니라, 미래 기술을 개발하고 혁신을 선도하는 기업으로 평가받는다.

그렇다면 왜 테슬라의 주가가 매출보다 더 중요한 요소로 여겨질까? 테슬라의 기업 가치가 어떻게 평가되는지, 그리고 주가가 테슬라의 성장 전략과 어떤 관계가 있는지 살펴보자.

테슬라는 단순한 자동차 회사가 아니다

테슬라는 겉보기에는 전기차 제조업체처럼 보이지만, 사실상 자동차, 소프트웨어, 에너지, 인공지능(AI) 기술을 결합한 혁신 기업이다.

일반적인 자동차 회사들은 차량 판매에서 수익을 창출하지만, 테슬라는 미래 산업을 선도하는 플랫폼 기업으로 평가받는다.

1. 자동차를 넘어 소프트웨어 플랫폼 기업

테슬라는 단순한 자동차 제조사가 아니라 소프트웨어 중심의 자동차 플랫폼 회사다. 테슬라 차량에는 OTA(Over-the-Air) 무선 소프트웨어 업데이트 기능이 적용되어 있어, 새로운 기능을 지속적으로 추가할 수 있다. 즉, 차량을 한 번 팔고 끝나는 것이 아니라, 지속적인 서비스와 업데이트를 제공하는 구독형 모델에 가깝다.

2. 에너지와 배터리 사업 확장

테슬라는 전기차뿐만 아니라 배터리 저장 시스템, 태양광 패널, 에너지 관리 솔루션까지 제공한다. 향후 에너지 산업의 핵심 플레이어가 될 가능성이 크기 때문에, 투자자들은 단순한 차량 판매 실적이 아니라, 미래 성장 가능성에 주목하고 있다.

3. 자율주행 기술과 AI 연구

테슬라는 완전 자율주행(FSD, Full Self-Driving) 기술을 개발하며, 자동차를 넘어 로봇택시(Robotaxi) 서비스를 목표로 하고 있다. 테슬라의 자율주행 기술이 상용화되면, 차량 판매 모델이 아닌 서비스형 이동수단(MaaS, Mobility as a Service)으로 비즈니스 모델이 변화할 가능성이 크다.

이처럼, 테슬라는 기존 자동차 회사들과는 근본적으로 다른 비즈니스 모델을 가지고 있으며, 이 점이 투자자들의 관심을 끌고 있다.

테슬라 주가가 중요한 이유 : 미래 가치를 반영한다

테슬라의 주가는 일반적인 자동차 회사보다 훨씬 높게 평가된다. 예를 들어, 포드(Ford)나 제너럴모터스(GM)보다 차량 판매량은 적지만, 주가는 더 높은 수준을 유지한다.

1. 테슬라의 주가는 단순한 매출보다 미래 혁신성을 반영

일반적으로 자동차 회사는 차량을 많이 판매하고, 매출과 이익이 증가할 때 주가가 상승한다. 하지만 테슬라는 자동차 판매량이 상대적으로 적어도, 미래 성장 가능성에 대한 기대감이 주가를 끌어올린다.

2. 투자자들은 단기 수익보다 장기적 성장 가능성을 본다

테슬라의 투자자들은 현재의 실적보다 미래의 시장 점유율, 기술력, 혁신적인 비즈니스 모델을 더 중요하게 평가한다. 예를 들어, 테슬라가 자율주행 기술을 상용화하거나, 배터리 기술에서 혁신을 이루면 자동차 판매 외에도 다양한 수익 창출 모델을 가질 것으로 기대한다.

3. 글로벌 투자 트렌드와 ESG 경영이 중요한 역할

최근 ESG(환경, 사회, 지배구조) 경영이 강조되면서, 친환경 에너지 기업에 대한 투자 열풍이 불고 있다. 테슬라는 전기차와 배터리 기술을 통해 탄소 배출 감소에 기여하는 기업으로 평가받아, ESG 투자자들의 지속적인 관심을 받고 있다.

결과적으로, 테슬라의 주가는 단순한 차량 판매 실적과 무관하게 움직이는 경우가 많다.

테슬라 주가는 어떻게 형성될까?

테슬라 주가는 일반적인 자동차 회사와 다르게 움직인다.

1. 기술 혁신 뉴스와 CEO 일론 머스크의 영향

테슬라의 주가는 기술 혁신 발표, 새로운 제품 공개, 일론 머스크의 발언 등에 큰 영향을 받는다. 예를 들어, 머스크가 트위터에서 "테슬라가 자율주행 로봇택시를 출시할 것"이라고 발표하면, 실제 출시 전이라도 주가는 상승할 가능성이 높다.

2. 글로벌 전기차 시장 성장과 규제 변화

정부의 친환경 정책, 전기차 보조금 확대, 배터리 기술 발전 등의 요인이 테슬라 주가에 긍정적인 영향을 미친다. 반면, 공급망 문제나

금리 인상 등의 요인은 주가를 하락시키는 원인이 될 수 있다.

3. 기관 투자자들의 장기적 관점

테슬라는 개별 투자자뿐만 아니라, 대형 펀드나 기관 투자자들의 관심을 받는 종목이다. 특히, ARK 인베스트먼트(ARK Invest) 같은 혁신 기업 중심의 펀드는 테슬라를 장기 보유하며, 기업의 미래 가치가 반영된 가격을 유지할 것이라 전망한다.

테슬라 투자자들은 어떤 점을 주목할까?

테슬라 주식을 투자하는 사람들은 단순한 자동차 판매 실적보다는 다음과 같은 요소를 중요하게 본다.

- 자율주행 기술 개발 진행 상황
- 배터리 혁신과 에너지 사업 확장 여부
- 새로운 공장(Giga Factory) 건설과 생산량 증가
- 글로벌 전기차 시장 점유율 변화
- CEO 일론 머스크의 비전과 기업 전략

이처럼, 테슬라의 투자자들은 현재보다 미래의 가능성을 평가하며, 장기적인 관점에서 기업 가치를 바라본다.

테슬라는 미래를 판다

테슬라의 주가가 매출보다 중요한 이유는, 이 회사가 단순한 자동차 제조사가 아니라, 미래 기술과 혁신을 이끄는 기업이기 때문이다.

- 테슬라는 자동차가 아니라, 소프트웨어와 AI 기업이다.
- 매출보다 미래 성장 가능성이 투자자들의 관심을 끈다.
- 친환경 기술과 ESG 경영이 장기적인 투자 가치를 만든다.
- 기술 혁신과 CEO의 비전이 주가에 직접적인 영향을 미친다.

결국, 테슬라의 주가는 현재 실적보다는 미래의 가능성, 혁신적인 기술, 시장 변화에 대한 기대감에 의해 형성된다. 테슬라는 단순한 자동차 회사가 아니라, "미래를 판매하는 기업"이라고 볼 수 있다.

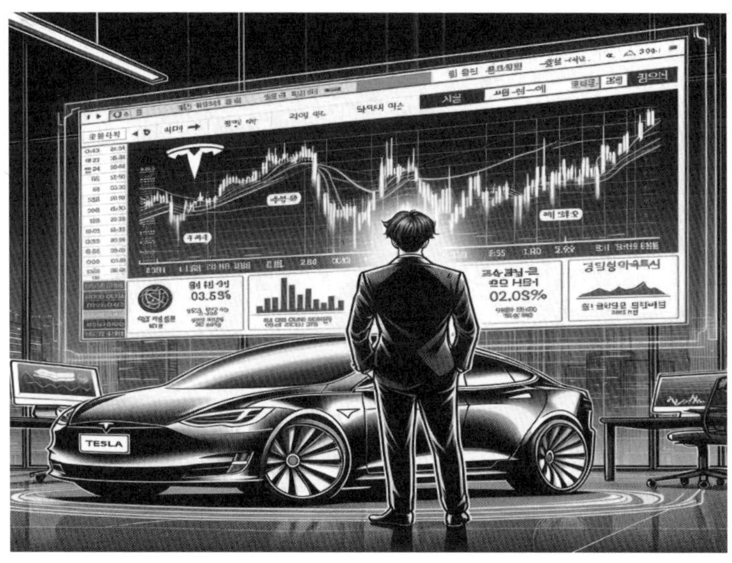

16

넷플릭스는 DVD 대여점에서 어떻게 거대한 기업이 되었을까?

한때, 영화를 보려면 비디오나 DVD를 대여점에서 빌려야 했다. 사람들은 주말마다 가까운 대여점을 방문해 원하는 영화를 찾고, 정해진 기간 안에 반납해야 했다. 하지만 지금은 스마트폰이나 TV를 켜기만 하면 손쉽게 영화를 스트리밍으로 감상할 수 있다. 이 변화를 주도한 기업이 바로 넷플릭스(Netflix)다.

넷플릭스는 단순한 DVD 대여 서비스로 시작했지만, 지금은 전 세계 2억 명이 넘는 가입자를 보유한 글로벌 미디어 기업이 되었다. 어떻게 이런 성장이 가능했을까? 넷플릭스가 DVD 대여점에서 출발해 세계적인 콘텐츠 플랫폼으로 발전한 과정과 그 전략을 살펴보자.

DVD 대여에서 시작된 작은 혁신

1997년, 리드 헤이스팅스(Reed Hastings)와 마크 랜돌프(Marc

Randolph)는 넷플릭스를 창업했다. 당시 블록버스터(Blockbuster) 같은 대형 DVD 대여점이 시장을 장악하고 있었지만, 넷플릭스는 차별화된 서비스로 승부를 걸었다.

1. 연체료 없는 DVD 대여 서비스

기존 DVD 대여점은 반납 기한을 넘기면 연체료를 부과했다. 하지만 넷플릭스는 정액 요금제(subscription model)를 도입해, 고객이 원하는 만큼 DVD를 대여하고 반납할 수 있도록 했다. 이 방식은 고객의 부담을 줄이며 큰 호응을 얻었다.

2. 온라인 주문 & 우편 배달 시스템

넷플릭스는 인터넷을 통해 DVD를 주문하면, 집으로 배달해 주는 방식을 도입했다. 고객들은 굳이 대여점을 방문할 필요 없이 집에서 편하게 영화를 감상할 수 있었다.

3. 고객 데이터 분석을 활용한 맞춤형 추천

넷플릭스는 DVD 대여 데이터를 분석해 고객의 선호도를 파악했다. 이후 개인 맞춤형 추천 시스템(Recommendation Algorithm)을 개발하여, 고객들이 자신이 좋아할 만한 영화를 쉽게 찾을 수 있도록 도왔다.

이러한 차별화된 서비스 덕분에 넷플릭스는 빠르게 성장했다.

블록버스터를 무너뜨린 넷플릭스의 전략

2000년대 초반까지만 해도 블록버스터는 여전히 업계를 지배하는 거대 기업이었다. 넷플릭스는 당시 DVD 대여 사업에서 유망한 기업이었지만, 블록버스터가 시장을 장악하고 있는 상황에서 지속적인 성장이 어려웠다.

1. 넷플릭스, 블록버스터 인수 제안을 거절당하다

2000년, 넷플릭스는 블록버스터에 회사를 5,000만 달러(약 650억 원)에 매각하는 제안을 했다. 하지만 블록버스터는 넷플릭스의 사업 모델을 평가절하하며 거절했다. 당시 블록버스터는 오프라인 매장 중심의 비즈니스 모델을 고수하고 있었고, 온라인 대여 서비스의 성장 가능성을 과소평가했다.

2. 스트리밍 서비스 도입 : 게임의 판을 바꾸다

2007년, 넷플릭스는 스트리밍(Streaming) 서비스를 시작했다. 기존 DVD 대여 방식과 달리, 고객들은 인터넷만 있으면 즉시 영화를 감상할 수 있었다.

이러한 변화는 블록버스터가 대응하기 어려운 것이었다. 블록버스터는 여전히 매장 운영을 중심으로 한 사업을 고집했으며, 온라인 스트리밍의 성장 가능성을 간과했다.

결국, 넷플릭스의 혁신적인 스트리밍 서비스는 고객들에게 더 빠르고, 더 편리한 방식을 제공했고, 블록버스터는 점점 시장에서 밀려나 2010년 결국 파산하게 되었다.

오리지널 콘텐츠 전략 : 단순한 플랫폼을 넘어 제작자로

넷플릭스는 DVD 대여에서 스트리밍 서비스로 성공했지만, 2013년부터는 오리지널 콘텐츠 제작에 집중하기 시작했다.

1. 넷플릭스 오리지널의 시작 : 〈하우스 오브 카드〉

2013년, 넷플릭스는 자체 제작 드라마 〈하우스 오브 카드(House of Cards)〉를 공개했다. 이 작품은 넷플릭스가 직접 제작한 첫 번째 콘텐츠로, 큰 성공을 거두었다. 이를 계기로 넷플릭스는 자체 콘텐츠 제작 역량을 강화하며, 단순한 스트리밍 플랫폼이 아니라 콘텐츠 제작사로 변신하기 시작했다.

2. 데이터 기반 콘텐츠 제작

넷플릭스는 고객 데이터를 활용해 어떤 콘텐츠가 인기 있는지, 사람들이 어떤 장르를 선호하는지를 분석했다. 이를 바탕으로, 전 세계 다양한 국가의 취향에 맞춘 맞춤형 콘텐츠를 제작했다.

3. 글로벌 콘텐츠 시장 장악

현재 넷플릭스는 〈기묘한 이야기〉, 〈더 위쳐〉, 〈오징어 게임〉 같은 히트작을 연달아 제작하며 세계적인 콘텐츠 제작사로 자리 잡았다. 넷플릭스의 오리지널 콘텐츠는 글로벌 시장에서 큰 영향력을 발휘하며, 기존 영화 스튜디오와 경쟁하는 수준에 도달했다.

넷플릭스의 성공 요인

넷플릭스가 작은 DVD 대여 서비스에서 글로벌 미디어 기업으로 성장할 수 있었던 이유는 무엇일까?

1. 변화를 두려워하지 않는 혁신

넷플릭스는 DVD 대여에서 스트리밍, 그리고 콘텐츠 제작으로 끊임없이 변화를 시도했다. 새로운 기술과 소비자의 변화에 빠르게 대응한 것이 성공의 핵심이었다.

2. 데이터 기반 의사결정

넷플릭스는 단순한 감이 아니라, 고객 데이터를 바탕으로 콘텐츠를 추천하고, 제작하는 전략을 사용했다.

3. 글로벌 시장을 겨냥한 콘텐츠 전략

넷플릭스는 미국뿐만 아니라, 한국, 일본, 유럽 등 전 세계 시장을 겨냥한 콘텐츠를 제작하여, 글로벌 미디어 기업으로 자리 잡았다.

4. 경쟁자를 무너뜨린 전략적 사고

넷플릭스는 블록버스터보다 더 편리한 서비스를 제공하며, 시장의 패러다임을 바꿨다. 결국 경쟁자인 블록버스터는 파산했고, 넷플릭스는 새로운 미디어 산업의 강자로 떠올랐다.

넷플릭스는 어떻게 시장을 장악했을까?

- DVD 대여에서 출발했지만, 온라인 플랫폼으로 빠르게 전환했다.
- 블록버스터를 넘어서는 차별화된 서비스를 제공했다.
- 스트리밍 시장을 개척하며 새로운 미디어 소비 방식을 정착시켰다.
- 데이터를 활용해 소비자의 취향을 정확하게 분석하고 콘텐츠를 제작했다.
- 글로벌 시장을 겨냥한 오리지널 콘텐츠 전략으로 경쟁력을 확보했다.

결국, 넷플릭스의 성공은 끊임없는 변화와 혁신 덕분이었다. 단순한 DVD 대여점이었던 넷플릭스는, 이제는 세계적인 미디어 공룡으로 성장하며 콘텐츠 산업의 판도를 뒤흔들고 있다.

17

버블인가, 혁신인가?

한때 비트코인은 단순한 인터넷상의 실험적 화폐로 여겨졌다. 그러나 지금은 금융 시장에서 중요한 투자 자산으로 자리 잡았으며, 블록체인 기술은 다양한 산업에서 활용되고 있다. 비트코인과 블록체인은 단순한 유행을 넘어 혁신적인 기술로 평가받고 있지만, 여전히 '버블'이라는 의심도 존재한다. 과연 비트코인과 블록체인은 금융과 비즈니스의 미래를 바꿀 기술일까, 아니면 단기적인 거품일까?

비트코인은 무엇인가? - 디지털 화폐의 등장

비트코인은 2009년 '사토시 나카모토'라는 익명의 개발자가 만든 디지털 화폐다. 기존 금융 시스템과 달리, 은행이나 정부의 개입 없이 개인 간 P2P 직접 거래가 가능하며, 블록체인(Blockchain)이라는 기술을 기반으로 운영된다.

1. 중앙 기관 없이 거래할 수 있다.

기존 화폐는 은행이나 정부가 발행하고 관리하지만, 비트코인은 중앙 기관 없이 네트워크 참여자들이 직접 거래를 검증한다.

2. 공급량이 제한되어 있다.

비트코인은 총 2,100만 개까지만 발행되도록 설계되어 있어, 무분별한 발행으로 인한 인플레이션 위험이 없다.

3. 익명성과 투명성을 동시에 가진다.

비트코인 거래는 블록체인에 기록되며 누구나 볼 수 있지만, 개인의 신원은 익명으로 보호된다.

이러한 특성 덕분에 비트코인은 '디지털 금'으로 불리며, 글로벌 투자 자산으로 주목받기 시작했다.

블록체인이란? - 데이터를 안전하게 보관하는 기술

비트코인을 이해하려면 블록체인을 먼저 알아야 한다. 블록체인은 데이터를 분산 저장하고, 위변조가 불가능하게 만드는 기술이다.

1. 탈중앙화(Decentralization)

기존 데이터베이스는 중앙 서버에서 관리되지만, 블록체인은 여러 컴퓨터(노드)에 분산 저장된다. 이를 통해 특정 기관의 해킹이나 조작을 방지할 수 있다.

2. 투명성과 보안성

모든 거래 기록은 블록체인에 기록되며, 이를 조작하려면 네트워크에 참여한 모든 노드의 기록을 바꿔야 한다. 사실상 해킹이 불가능하다는 점에서 보안성이 뛰어나다.

3. 스마트 계약(Smart Contract)

블록체인은 비트코인 같은 가상화폐 거래뿐만 아니라, '스마트 계약'이라는 자동화된 계약 시스템에도 활용된다. 예를 들어, 일정 조건이 충족되면 자동으로 계약이 실행되는 방식이다.

이러한 기술적 특징 덕분에 블록체인은 금융, 유통, 의료, 부동산 등 다양한 산업에서 혁신적인 도구로 활용되고 있다.

비트코인은 과연 버블인가?

비트코인은 극단적인 가격 변동을 보이며 '버블' 논란에 휩싸이기도 했다.

1. 2017년과 2021년, 두 번의 가격 폭등과 폭락

2017년 비트코인은 2,000달러에서 20,000달러까지 폭등했지만, 이후 3,000달러대로 폭락했다.

2021년 다시 한 번 60,000달러를 돌파했지만, 이후 급격한 하락을 경험했다.

2. 투기 자산 vs. 혁신 자산

비트코인을 단순한 투기 자산으로 보는 시각도 있지만, 디지털 금, 금융 혁신의 도구로 평가하는 전문가들도 많다.

3. 기관 투자자들의 참여 증가

과거에는 개인 투자자가 중심이었지만, 현재는 테슬라, 마이크로스트레티지, 월가의 기관 투자자들도 비트코인을 보유하고 있다.

이러한 흐름을 보면, 단기적인 거품이 아니라 금융 시스템의 일부로 자리 잡아 가는 것으로도 해석할 수 있다.

블록체인이 바꿀 비즈니스의 미래

비트코인의 등장으로 블록체인 기술은 다양한 산업에서 활용되고 있다.

1. 금융(Finance) - '디파이(DeFi, 탈중앙화 금융)'

블록체인 기반 금융 서비스(DeFi)는 은행 없이 대출, 예금, 투자 등을 가능하게 한다.

2. 유통(Supply Chain) - 투명한 물류 관리

월마트, IBM 같은 글로벌 기업들은 블록체인을 활용해 제품 유통 과정을 추적하고 있다.

3. 예술 및 콘텐츠(NFT) - 디지털 자산 거래

NFT(대체불가능한토큰)를 활용해 예술 작품, 음악, 게임 아이템 등을 디지털 자산으로 거래할 수 있다.

4. 스마트 계약(Smart Contract) - 부동산, 보험, 계약 자동화

블록체인을 이용한 스마트 계약을 통해 중개자 없이 신뢰할 수 있는 계약을 자동으로 체결할 수 있다.

비트코인과 블록체인의 미래는?

비트코인과 블록체인은 분명 혁신적인 기술이지만, 아직 해결해야 할 문제도 많다.

1. 확장성 문제

현재 비트코인은 초당 7건의 거래만 처리할 수 있어, 실생활 결제에는 속도가 느리다.

2. 규제 문제

각국 정부는 비트코인과 암호화폐에 대한 규제를 강화하고 있으며, 규제의 방향에 따라 시장이 크게 흔들릴 수 있다.

3. 환경 문제

비트코인 채굴(마이닝)은 막대한 전력을 소비하며, 환경적 부담을 초래하고 있다. 지속 가능한 방식으로 발전할 필요가 있다.

하지만 이러한 문제를 해결할 기술적 발전이 이어지고 있으며, 많은 전문가들은 비트코인과 블록체인이 단순한 거품이 아니라, 미래 경제의 중요한 기술이 될 것이라고 전망하고 있다.

버블인가, 혁신인가?

비트코인과 블록체인은 금융과 산업의 새로운 패러다임을 제시하고 있다. 여전히 '버블'이라는 의심이 남아 있지만, 글로벌 기업과 투자자들은 점점 더 블록체인을 활용한 금융과 비즈니스 모델을 개발하고 있다.

- 비트코인은 단순한 화폐가 아니라 디지털 자산으로 자리 잡고 있다.
- 블록체인은 금융, 유통, 예술, 계약 등 다양한 산업에서 활용되고 있다.
- 규제와 기술적 한계를 극복하면, 미래 경제 시스템에서 중요한 역할을 할 가능성이 크다.

현재로서는 비트코인과 블록체인이 '버블'인지, '혁신'인지 명확하게 단정할 수 없다. 그러나 기술이 지속적으로 발전하고, 점점 더 많은 기업과 금융 기관이 참여하고 있는 만큼, 미래 경제에서 중요한 역할을 할 가능성이 크다.

미래를 결정하는 것은 기술이 아니라, 그것을 어떻게 활용하느냐다. 비트코인과 블록체인은 지금 이 순간에도 진화하고 있으며, 우리가 어떻게 받아들이느냐에 따라 새로운 기회가 될 수 있다.

18

유튜브는 왜 공짜인데 돈을 벌까?

유튜브는 전 세계에서 가장 많이 사용되는 동영상 플랫폼 중 하나다. 누구나 무료로 영상을 시청할 수 있고, 원하는 콘텐츠를 직접 업로드할 수도 있다. 그런데 이 거대한 플랫폼은 어떻게 수익을 창출하는 걸까? '무료' 서비스를 제공하면서도 매년 수십억 달러의 매출을 기록하는 유튜브의 비즈니스 모델을 이해하면, 디지털 경제에서 '공짜'가 어떻게 큰돈이 되는지를 알 수 있다.

유튜브의 핵심 비즈니스 모델 : 광고 수익

유튜브의 가장 큰 수익원은 광고다. 유튜브는 사람들이 영상을 시청할 때 광고를 삽입하고, 광고주로부터 돈을 받는다.

1. 프리롤 광고(Pre-roll Ads)

영상이 시작되기 전에 나오는 광고. '건너뛰기' 버튼이 있는 경우도 있고, 없는 경우도 있다.

2. 미드롤 광고(Mid-roll Ads)

긴 영상의 중간에 나오는 광고. 유튜브 크리에이터가 직접 광고 삽입 위치를 조정할 수 있다.

3. 배너 및 디스플레이 광고

영상 하단이나 유튜브 웹사이트 사이드바에 나타나는 이미지형 광고.

4. 유료 프로모션과 브랜드 협업

유튜버가 직접 특정 브랜드의 제품을 홍보하는 광고 콘텐츠.

이처럼 유튜브는 사용자는 무료로 영상을 보게 하면서, 광고를 통해 기업으로부터 돈을 버는 구조를 갖고 있다. 광고를 더 많이 볼수록 유튜브의 수익도 증가하는 것이다.

유튜브 프리미엄 : 광고 없이도 돈을 버는 방법

유튜브는 광고 수익뿐만 아니라 구독형 서비스(유튜브 프리미엄)도 운영하고 있다.

1. 유튜브 프리미엄(YouTube Premium)

사용자가 일정 금액을 지불하면, 광고 없이 영상을 시청할 수 있다. 또한, 백그라운드 재생과 오프라인 저장 기능을 제공해 사용자 편의성을 높였다.

2. 유튜브 뮤직(YouTube Music)

프리미엄 구독자에게 광고 없는 음악 스트리밍을 제공하며, 음악 감상을 위한 별도 플랫폼으로 운영되고 있다.

3. 유튜브 TV(YouTube TV)

일부 국가에서는 케이블 TV 대신 유튜브를 통해 실시간 방송을 제공하는 서비스도 운영하고 있다.

유튜브는 이처럼 '프리미엄 모델'을 통해 광고에 의존하지 않는 또 다른 수익원을 확보했다.

크리에이터 생태계 : 유튜브의 성장 동력

유튜브는 단순한 동영상 플랫폼이 아니라, 수많은 콘텐츠 크리에이터(유튜버)가 활동하는 거대한 미디어 생태계다. 크리에이터가 매력적인 영상을 만들면, 더 많은 사람들이 유튜브를 사용하게 되고, 이는 유튜브의 광고 수익 증가로 이어진다.

1. 유튜브 파트너 프로그램(YouTube Partner Program, YPP)

일정 기준을 충족한 유튜버는 광고 수익의 일부를 받을 수 있다. 즉, 유튜브는 광고주로부터 돈을 받고, 일부를 크리에이터와 나누는 구조다.

2. 슈퍼챗 & 슈퍼스티커

유튜버가 라이브 스트리밍을 할 때, 팬들이 돈을 지불하고 메시지를 강조할 수 있는 기능.

3. 멤버십 서비스

구독자가 유튜버에게 매달 일정 금액을 지불하고, 특별한 혜택(독점 콘텐츠, 배지, 이모티콘 등)을 받을 수 있는 기능.

4. 유튜브 쇼핑(YouTube Shopping)

일부 크리에이터는 영상 내에서 제품을 직접 판매할 수 있으며, 유튜브는 이를 통해 판매 수수료를 얻는다.

즉, 유튜브는 크리에이터들이 돈을 벌 수 있는 다양한 방법을 제공하면서, 플랫폼 내에서 더 많은 콘텐츠가 만들어지도록 유도하고 있다.

유튜브의 데이터 경제 : 알고리즘과 개인 맞춤 광고

유튜브는 단순한 광고 플랫폼이 아니라, 방대한 사용자 데이터를 활용하는 기술 기업이기도 하다.

1. 알고리즘 추천 시스템

유튜브는 사용자의 시청 패턴을 분석해, 개개인에게 맞춤형 영상을 추천한다. 이는 사람들이 더 오래 유튜브를 사용하게 만들고, 결국 광고를 더 많이 보게 만든다.

2. 타겟 광고 시스템

유튜브는 사용자의 검색 기록, 시청 내역, 관심사를 바탕으로 광고를 개인 맞춤형으로 제공한다. 예를 들어, 최근 스마트폰 검색을 많이 한 사용자는 스마트폰 광고를 더 많이 보게 된다.

3. 데이터 기반 광고 최적화

광고주는 유튜브의 데이터 분석 시스템을 통해, 자신의 광고가 어떤 사람들에게 효과적인지를 분석하고, 최적화된 광고 전략을 세울 수 있다.

즉, 유튜브는 단순히 광고를 노출하는 것이 아니라, 사용자 데이터를 분석해 최적의 광고를 제공하는 시스템을 구축하여 수익을 극대화하고 있다.

유튜브의 미래 : 공짜 서비스의 지속 가능성

유튜브의 비즈니스 모델은 강력하지만, 몇 가지 도전 과제도 있다.

1. 광고 피로감

너무 많은 광고가 사용자의 불만을 초래할 수 있다. 이를 해결하기 위해 유튜브는 프리미엄 서비스 확대에 집중하고 있다.

2. 콘텐츠 규제 문제

잘못된 정보, 혐오 발언, 저작권 침해 등 유튜브 내에서 발생하는 문제를 관리하는 것이 지속적인 과제가 되고 있다.

3. 새로운 경쟁자 등장

틱톡(TikTok), 넷플릭스(Netflix), 아마존 프라임(Amazon Prime) 등 다양한 플랫폼이 유튜브와 경쟁하며, 유튜브도 계속해서 변화를 모색해야 한다.

유튜브는 '공짜'를 비즈니스로 바꾼다

유튜브는 무료 플랫폼이지만, 광고, 프리미엄 서비스, 크리에이터 생태계, 데이터 기반 광고 시스템 등을 통해 엄청난 수익을 창출하고 있다.

- 광고는 유튜브의 가장 큰 수익원이며, 다양한 방식으로 광고를 노출한다.
- 프리미엄 서비스, 유튜브 뮤직, 멤버십 등 광고 없이도 수익을 창출할 방법을 개발하고 있다.
- 유튜버(크리에이터)들에게 수익 모델을 제공함으로써, 더 많은 사람들이 유튜브에서 콘텐츠를 생산하게 만든다.
- 알고리즘과 데이터 분석을 활용하여 최적화된 광고를 제공하며, 이를 통해 광고 수익을 극대화한다.

결국, 유튜브는 '공짜 서비스'처럼 보이지만, 사람들이 영상을 보면 볼수록 더 많은 수익을 내는 시스템을 구축한 기업이다. 공짜가 아니라, 우리가 유튜브를 사용할수록 유튜브는 더 큰 가치를 만들어내는 것이다.

이러한 전략 덕분에 유튜브는 단순한 동영상 사이트를 넘어, 글로벌 미디어 플랫폼으로 성장했다. 앞으로도 유튜브는 기술과 콘텐츠의 변화에 맞춰 지속적으로 진화할 것이며, 공짜 서비스의 새로운 가치를 창출해 나갈 것이다.

19

왜 Z세대는 명품보다 '중고 거래'를 선호할까?

몇 년 전까지만 해도 명품 브랜드는 젊은 층의 꿈과 동경의 대상이었다. 고급 백, 명품 의류, 한정판 스니커즈 등은 자신을 돋보이게 하는 '신분의 상징'으로 여겨졌고, 많은 사람들이 비싼 값을 지불하며 이를 소유하려 했다. 하지만 최근 들어 이러한 흐름이 변화하고 있다. 특히 Z세대(1990년대 후반~2010년대 초반 출생한 세대)들은 새 상품보다 중고 거래를 더 선호하는 경향을 보인다. 이들은 왜 중고 거래에 열광하는 걸까?

세대의 소비 가치 변화 : 소유보다 경험

기성세대는 브랜드가 주는 '신분'과 '소유'의 가치를 중시하는 경향이 있었다. 하지만 Z세대는 다르다. 이들은 물건을 '소유'하는 것보다, '경험'과 '실용성'을 더 중요하게 여긴다.

1. 브랜드보다 개성이 중요하다.

Z세대는 남들과 같은 것을 가지는 것보다 자신만의 개성을 표현하는 데 더 집중한다. 희귀한 빈티지 의류나 한정판 제품을 찾는 이유도 여기에 있다.

2. 한정된 예산 내에서 다양한 경험을 원한다.

Z세대는 경제적으로 실용적인 소비를 추구하는 경우가 많다. 명품을 사기 위해 몇 달 동안 돈을 모으기보다는, 같은 금액으로 여러 가지 물건을 중고로 구매해 다양한 스타일을 시도해 보는 것이 더 가치 있다고 느낀다.

3. 중고 거래를 통해 빠르게 소비를 순환시킨다.

새로운 것을 경험한 후에는 필요 없는 물건을 다시 중고 시장에 내놓고, 다른 것을 구매하는 방식으로 소비를 이어간다.

이처럼 Z세대는 '한 가지를 오래 소유하는 것'보다, 빠르게 소비하고 바꿀 수 있는 순환형 소비를 선호하는 경향이 있다.

환경을 고려한 '가치 소비' 트렌드

1. '착한 소비'에 대한 관심

Z세대는 기후 변화, 환경 보호, 지속 가능한 소비에 대한 관심이

높은 세대다. 명품 브랜드가 대량 생산하는 새 상품보다, 이미 생산된 물건을 재사용하는 것이 환경에 도움이 된다고 생각한다.

2. 중고 거래 = 친환경 소비

새로운 제품을 만드는 과정에서 발생하는 탄소 배출과 자원 낭비를 줄이기 위해, 중고 제품을 거래하는 것이 더 윤리적이라는 인식이 확산되고 있다. 예를 들어, 중고 명품이나 빈티지 의류를 구매하면 패스트패션(Fast Fashion)으로 인한 환경 문제를 줄이는 데 기여할 수 있다.

3. 리셀(Re-sell) 문화의 확산

한정판 운동화, 명품 가방 등도 더 이상 단순한 소유의 개념이 아니다. 필요할 때 사서 사용하고, 적절한 시점에 다시 되팔아 이윤을 남기는 '리셀' 문화도 Z세대의 소비 습관을 바꾸고 있다.

이러한 흐름 속에서, 중고 거래는 단순한 돈 절약 수단이 아니라, 자신이 사회에 기여할 수 있는 가치 있는 소비 방식으로 받아들여지고 있다.

모바일 플랫폼과 중고 시장의 성장

1. 온라인 중고 플랫폼의 편리함

과거에는 중고 거래가 번거롭고, 신뢰할 수 없는 경우가 많았다. 하지만 최근에는 번개장터, 당근마켓, 크림(KREAM) 같은 모바일 플랫폼이 등장하면서 중고 거래가 훨씬 쉬워졌다.

2. '비대면 거래'의 확산

SNS와 모바일 앱을 통한 거래가 활성화되면서, 대면 거래 없이도 안전한 중고 거래가 가능해졌다.

3. 새로운 쇼핑 경험의 제공

일부 중고 플랫폼에서는 상품을 직접 확인하고 구매할 수 있는 오프라인 매장을 운영하기도 한다. 예를 들어, 번개장터는 오프라인 매장을 통해 사용자들이 직접 물건을 보고 구매할 수 있도록 하고 있다.

결국, 중고 시장은 단순한 '헌 물건 거래'에서 벗어나, 새로운 소비 문화로 자리 잡고 있다.

명품보다 '중고 거래'를 선호하는 이유 정리

- 브랜드보다 개성과 가치를 중시한다.
- 새로운 경험을 위해 빠르게 소비를 순환시킨다.
- 환경 보호와 지속 가능한 소비를 중요하게 여긴다.

- 온라인 중고 거래 플랫폼의 편리함으로 접근성이 좋아졌다.

과거에는 새 상품을 사는 것이 경제적 여유와 사회적 지위를 보여 주는 방식이었지만, 이제는 자신만의 가치관과 라이프스타일을 반영하는 소비 방식이 더 중요해졌다. Z세대에게 중고 거래는 단순한 돈 절약 방법이 아니라, 자신만의 개성을 표현하고, 환경을 생각하는 '스마트한 소비 전략'이 된 것이다.

이러한 흐름이 계속된다면, 앞으로 기업들도 더 이상 '신제품 판매'에만 집중하지 않고, 중고 제품을 재거래할 수 있는 비즈니스 모델을 개발하는 것이 필수가 될 것이다. Z세대의 소비 방식이 기업의 전략까지 바꾸고 있는 것이다.

20

리더는 태어나는 걸까, 만들어지는 걸까?

역사적으로 위대한 리더들은 종종 타고난 능력을 지닌 인물로 묘사된다. 사람들은 흔히 "리더십은 타고나는 것이다"라고 말하지만, 실제로 성공적인 리더들은 훈련과 경험을 통해 성장해왔다. 그렇다면 리더는 타고나는 것일까, 아니면 만들어지는 것일까?

이 질문에 대한 답을 찾기 위해 우리는 리더십의 본질을 살펴보고, 효과적인 리더가 되기 위한 핵심 조건을 분석해야 한다.

리더는 타고나는 것일까?

"리더는 태어나는 것이다"라는 주장은 리더십이 선천적인 자질에 의해 결정된다는 생각에서 비롯된다. 즉, 어떤 사람들은 태어날 때부터 강한 카리스마와 결단력을 지니고 있어 자연스럽게 리더가 된다는 것이다.

1. 타고난 성격과 리더십

일부 심리학자들은 외향적이고, 자신감이 있으며, 타인을 설득하는 능력이 뛰어난 사람들이 리더가 될 확률이 높다고 주장한다. 실제로 역사 속 위대한 지도자들을 보면 강한 개인적 매력을 지닌 경우가 많다.

2. 높은 지능과 빠른 판단력

리더가 되는 사람들은 종종 복잡한 상황에서도 빠르게 판단하고, 해결책을 제시하는 능력을 갖추고 있다. 이러한 능력은 선천적인 요인과 후천적인 학습이 결합된 결과일 수 있다.

하지만 단순히 성격이 외향적이고, 지능이 높다고 해서 모두 리더가 되는 것은 아니다. 타고난 능력만으로 리더십이 완성되는 것은 아니며, 리더십을 발휘하기 위해서는 후천적인 노력이 반드시 필요하다.

리더는 만들어지는 것일까?

많은 연구에 따르면 리더십은 학습과 경험을 통해 충분히 개발할 수 있는 능력이다. 즉, 좋은 리더가 되기 위해서는 효과적인 리더십을 배우고, 꾸준한 실천을 통해 성장해야 한다.

1. 경험을 통해 배우는 리더십

대부분의 성공적인 리더들은 실패를 겪으며 성장한다. 처음부터 완벽한 리더는 없으며, 어려움을 극복하는 과정에서 더 나은 의사결정을 내리는 법을 배우게 된다.

2. 소통 능력과 감정 지능(EQ)

훌륭한 리더는 뛰어난 의사소통 능력을 가지고 있으며, 팀원들의 감정을 이해하고 조율하는 역할을 한다. 이는 연습과 경험을 통해 충분히 습득할 수 있는 능력이다.

3. 리더십 교육과 훈련

현대 기업에서는 체계적인 리더십 교육을 통해 관리자와 팀장이 효과적인 리더십을 발휘할 수 있도록 돕는다. 조직 내에서 성공적인 리더가 되기 위해서는 실무 경험뿐만 아니라 지속적인 학습이 필요하다.

효과적인 리더십의 핵심 조건

좋은 리더가 되기 위해 필요한 핵심 요소들은 다음과 같다.

1. 비전과 목표 설정

리더는 조직이 나아갈 방향을 명확히 제시할 수 있어야 한다. 비전이 없는 조직은 방향성을 잃고 흔들리기 쉽다.

2. 의사결정 능력

빠르고 정확한 의사결정을 내리는 것은 리더의 중요한 역할이다. 정보 수집, 분석, 실행의 과정을 거쳐 최선의 결정을 내릴 수 있어야 한다.

3. 소통과 협업 능력

리더는 팀원들과 원활한 의사소통을 해야 하며, 효과적인 협업을 이끌어낼 수 있어야 한다. 이를 위해서는 상대방의 의견을 경청하는 태도가 필수적이다.

4. 책임감과 신뢰 구축

리더는 자신의 결정에 대한 책임을 지고, 조직 내에서 신뢰를 쌓아야 한다. 신뢰받는 리더는 조직 구성원들이 자발적으로 따르게 만든다.

5. 유연성과 문제 해결 능력

예상치 못한 위기가 발생했을 때, 이를 해결하고 조직을 안정적으로 운영하는 능력이 필요하다. 변화하는 환경에 적응하고 유연한 사고를 갖춘 리더가 조직을 성공적으로 이끌 수 있다.

리더십은 개발할 수 있는 능력이다

결국, 리더십은 일부 타고난 요소를 바탕으로 하지만, 학습과 경험을 통해 충분히 개발할 수 있는 능력이다.

- 리더십은 성격보다 경험과 학습을 통해 길러진다.
- 실패를 두려워하지 않고 지속적으로 성장하는 태도가 중요하다.
- 조직과 팀원들을 위한 소통과 신뢰 형성이 효과적인 리더십의 핵심이다.

따라서 "리더는 타고나는 걸까, 만들어지는 걸까?"라는 질문에 대한 답은 "리더십은 배우고 성장할 수 있는 능력이다." 라고 할 수 있다.

누구나 노력하고 준비한다면 훌륭한 리더가 될 수 있다. 중요한 것은 리더십을 개발하려는 의지와 실천이다.

3장

경영 전략과 계획 수립

01

경영 전략의 개념과 중요성

경영 전략은 기업이 목표를 달성하고 경쟁에서 우위를 차지하기 위해 설정하는 방향성과 실행 방안을 의미한다. 단순히 제품을 판매하거나 서비스를 제공하는 것이 아니라, 어떤 시장을 공략할지, 어떤 방식으로 경쟁할지, 자원을 어떻게 활용할지 등을 종합적으로 고려해야 한다. 전략이 없으면 기업은 변화하는 시장 환경 속에서 방향을 잃고 지속적인 성장을 이루기 어렵다.

경영 전략이란 무엇인가?

기업이 성공하기 위해서는 명확한 전략이 필요하다. 경영 전략은 기업의 환경을 분석하고 목표를 설정하며, 그 목표를 이루기 위한 구체적인 실행 계획을 수립하는 과정이다.

1. 경영 전략은 방향을 설정하는 나침반

전략이 없는 기업은 방향을 잃은 배와 같다. 제품을 만들고 판매하는 것만으로는 성공할 수 없다. 고객이 원하는 것을 정확히 파악하고, 경쟁사보다 더 나은 가치를 제공해야 한다.

2. 경영 전략은 자원의 효율적 배분을 돕는다

기업이 보유한 인력, 자본, 기술, 시간 등의 자원을 효과적으로 활용해야 한다. 예를 들어, 스타트업이라면 모든 시장을 공략하기보다 특정 틈새 시장(Niche Market)에 집중하는 것이 효율적이다.

3. 경쟁 우위를 확보하는 핵심 요소

경쟁 환경은 빠르게 변화한다. 기업이 지속적으로 경쟁력을 유지하려면 차별화된 강점을 활용하고 효과적인 전략을 수립해야 한다.

경영 전략이 중요한 이유

1. 빠르게 변화하는 시장 환경에 적응

기술 발전과 소비자 트렌드는 지속적으로 변하고 있다. 예를 들어, 과거 오프라인 중심의 쇼핑이 현재는 온라인과 모바일로 이동했다. 기업이 이를 인식하지 못하면 도태될 수밖에 없다.

2. 경쟁 속에서 살아남기 위한 필수 조건

경쟁사가 가격을 내리거나 새로운 기술을 도입하면 기존 방식만으로는 경쟁력을 유지하기 어렵다. 효과적인 전략이 있어야 경쟁에서 앞설 수 있다.

3. 조직 내부의 목표와 방향성을 통일

명확한 전략이 없으면 직원들의 목표와 업무 방식이 서로 다를 수 있다. 하지만 전략이 확립되면 조직 전체가 동일한 목표를 향해 나아갈 수 있다.

성공적인 경영 전략을 위한 핵심 요소

1. 시장과 고객 분석

소비자의 니즈와 경쟁사의 전략을 분석해야 한다. 예를 들어, 스타벅스는 단순히 커피를 판매하는 것이 아니라 "프리미엄 커피 경험"이라는 차별화된 가치를 제공하여 경쟁력을 확보했다.

2. 차별화 전략 수립

기업이 경쟁에서 살아남으려면 차별화된 강점이 필요하다. 애플은 브랜드 아이덴티티와 디자인을 차별화 요소로 삼았고, 테슬라는 전기차 시장에서 혁신적인 기술력으로 우위를 점했다.

3. 실행 가능한 전략 설정

전략은 현실적으로 실행 가능해야 한다. 아무리 좋은 전략이라도 실현할 수 없다면 의미가 없다. 따라서 기업의 자원과 역량을 고려하여 실현 가능한 실행 계획을 수립해야 한다.

4. 유연성과 지속적인 개선

전략은 한 번 세우고 끝나는 것이 아니라, 변화하는 환경에 맞춰 지속적으로 수정하고 보완해야 한다. 예를 들어, 넷플릭스는 DVD 대여 서비스에서 스트리밍 서비스로 전환하며 변화에 성공적으로 대응했다.

경영 전략이 성공한 사례

1. 맥도날드의 글로벌 전략

맥도날드는 "표준화된 메뉴와 운영 방식"을 통해 전 세계 어디에서든 동일한 품질의 햄버거를 제공했다. 동시에 각 나라의 문화에 맞춘 현지화 전략을 도입하여 성공했다.

2. 테슬라의 혁신 전략

테슬라는 전통적인 자동차 기업과 달리 전기차 기술과 자율주행 소프트웨어를 핵심 경쟁력으로 삼았다. 또한, 일반적인 자동차 기업과 달리 마케팅 비용을 줄이고 브랜드 팬덤을 활용하는 전략을 사용했다.

3. 넷플릭스의 시장 지배 전략

넷플릭스는 DVD 대여 사업에서 시작하여 스트리밍 서비스로 변화하며 기존 미디어 기업들을 압도했다. 지속적인 콘텐츠 투자와 구독 기반 수익 모델을 통해 안정적인 성장을 이루었다.

경영 전략의 미래 방향

1. 디지털 전환(Digital Transformation)

IT 기술과 데이터를 활용한 경영 전략이 필수적이다. 기업들은 AI와 빅데이터를 이용해 고객의 행동을 분석하고 맞춤형 서비스를 제공하고 있다.

2. ESG 경영 전략

환경 보호와 사회적 책임을 고려한 경영 전략이 더욱 중요해지고 있다. 친환경 제품 개발과 윤리적 기업 운영이 브랜드 이미지에 큰 영향을 미친다.

3. AI와 자동화의 활용

AI와 자동화 기술이 기업 운영의 중요한 요소가 되면서 이를 효과적으로 활용하는 전략이 필요하다. 예를 들어, 고객 서비스 챗봇이나 AI 추천 시스템은 기업의 생산성과 고객 만족도를 동시에 높일 수 있다.

경영 전략이 없는 기업은 방향을 잃는다

기업이 장기적으로 성장하려면 명확한 전략이 필요하다. 경영 전략은 기업이 나아갈 방향을 설정하고, 경쟁에서 우위를 확보하며, 조직 전체가 목표를 향해 협력하도록 돕는 중요한 요소다.

- 시장과 고객을 분석하고 차별화된 가치를 제공해야 한다.
- 실행 가능한 전략을 수립하고 지속적으로 개선해야 한다.
- 변화하는 환경에 맞춰 유연하게 대응하는 것이 중요하다.

성공적인 기업들은 명확한 전략과 실행력을 통해 경쟁력을 확보하고 있다. 이제, 경영 전략을 이해하고 실무에서 적용할 준비를 해보자!

SWOT 분석을 통한 전략 수립

모든 기업이 성공적인 경영 전략을 세우기 위해서는 현재 상황을 정확히 분석하고 장기적인 방향성을 설정해야 한다. 하지만 시장 환경은 복잡하고 끊임없이 변화하기 때문에 단순한 직관에 의존하는 것은 위험하다. 이때 가장 널리 사용되는 분석 기법이 바로 SWOT 분석이다.

SWOT 분석이란 무엇인가?

SWOT 분석은 기업의 강점(Strengths), 약점(Weaknesses), 기회(Opportunities), 위협(Threats) 을 분석하여 전략을 수립하는 도구다.

- **강점**(S) : 기업이 보유한 경쟁력이나 차별화된 요소
- **약점**(W) : 기업이 보완해야 할 내부적 한계

- **기회**(O) : 외부 환경에서 발생하는 성장 가능성
- **위협**(T) : 기업 성장을 방해할 위험 요소

이 분석을 활용하면 기업의 강점을 극대화하고, 약점을 최소화하며, 기회를 활용하고, 위협을 대비하는 전략을 세울 수 있다.

예를 들어, 애플(Apple)의 SWOT 분석을 보면 다음과 같다.

- **강점** : 브랜드 인지도, 혁신적인 제품, 강력한 생태계(iOS, Mac, iPad)
- **약점** : 높은 제품 가격, 제한적인 커스터마이징
- **기회** : 5G·AI 기술 발전, 신시장 진출 가능성
- **위협** : 삼성, 구글 등 경쟁사의 기술 발전, 글로벌 경제 불안정

SWOT 분석이 중요한 이유

1. 기업의 현재 상태를 객관적으로 파악

강점과 약점을 통해 내부를 평가하고, 기회와 위협을 분석해 외부 시장을 이해할 수 있다.

2. 현실적인 전략 수립 가능

단순한 예측이 아니라 데이터 기반으로 실행 가능한 전략을 세울

수 있다.

3. 경쟁력을 강화하고 리스크를 줄임

강점을 극대화하고, 약점을 보완하며, 기회를 활용하고, 외부 위협에 대응할 수 있다.

4. 변화하는 시장 환경에 적응 가능

정기적으로 SWOT 분석을 수행하면 급변하는 환경에도 빠르게 대응할 수 있다.

SWOT 분석을 활용한 전략 수립 방법

SWOT 분석은 단순히 리스트를 작성하는 것이 아니라, 이를 기반으로 실행 가능한 전략을 도출하는 것이 중요하다.

- SO **전략(강점 + 기회)** → 강점을 활용해 기회를 극대화
  테슬라는 전기차 기술(강점)을 활용해 친환경 트렌드(기회)를 공략했다.
- WO **전략(약점 + 기회)** → 약점을 보완해 기회를 잡음
  넷플릭스는 DVD 대여에서 디지털 스트리밍(기회)으로 전환하며 약점을 극복했다.
- ST **전략(강점 + 위협)** → 강점을 활용해 위협을 방어

애플은 iOS 생태계(강점)를 활용해 삼성, 구글과 경쟁(위협)에서 차별화했다.

- WT **전략(약점 + 위협)** → 약점과 위협을 줄이는 전략
  노키아는 스마트폰 시장에서 밀려났지만, 5G 네트워크 장비 사업으로 전환했다.

스타벅스의 SWOT 분석 사례

- **강점** : 브랜드 이미지, 충성도 높은 고객층
- **약점** : 높은 가격, 일부 국가에서 매장 과포화
- **기회** : 커피 소비 증가, 배달 서비스 확대 가능성
- **위협** : 경쟁사의 성장, 원두 가격 변동

전략 활용법 :

- SO **전략** → 글로벌 시장 적극 공략
- WO **전략** → 중저가 브랜드 출시(스타벅스 리저브)
- ST **전략** → 로열티 프로그램(스타벅스 리워드) 강화
- WT **전략** → 매장 운영 방식 최적화

SWOT 분석을 효과적으로 활용하는 방법

1. **객관적으로 분석** : 강점을 과대평가하지 않고, 약점을 솔직하게

파악해야 한다.

2. **경쟁사와 비교 분석** : 경쟁사와의 차별성을 확인해야 한다.
3. **정기적으로 업데이트** : 시장 환경이 변하기 때문에 지속적인 분석이 필요하다.

성공적인 전략 수립의 첫걸음, SWOT 분석

SWOT 분석은 내부 요인과 외부 환경을 종합적으로 평가하여 현실적인 전략을 수립하는 강력한 도구다.

- 강점을 극대화하고, 약점을 보완해야 한다.
- 기회를 최대한 활용하고, 위협을 방어할 전략을 마련해야 한다.
- 정기적으로 분석을 수행하며 변화하는 시장 환경에 유연하게 대응해야 한다.

이제, SWOT 분석을 활용해 효과적인 경영 전략을 수립할 차례다!

03

목표 설정과 의사결정 과정

기업이 지속적으로 성장하려면 명확한 목표를 설정하고, 이를 달성하기 위한 체계적인 의사결정을 수행해야 한다. 목표 설정은 단순한 바람이 아니라 조직이 나아갈 방향을 제시하는 중요한 지침이며, 올바른 의사결정이 뒷받침되지 않으면 실행되지 못할 가능성이 크다. 경영자의 역할은 목표를 설정하는 방법과 의사결정 과정의 중요성을 명확히 이해하는 것이다.

목표 설정의 중요성

기업의 목표는 조직 전체가 동일한 방향으로 나아갈 수 있도록 하는 핵심 요소다. 명확한 목표가 없으면 기업의 성장 방향이 불분명해지고, 직원들의 동기부여도 떨어질 수 있다.

예를 들어, 한 스타트업이 "최고의 IT 기업이 되겠다" 라는 목표를 세웠다고 가정하면, 이는 너무 막연하여 실현 가능성이 낮다. 대신 "3년 안에 국내 IT 업계 점유율 10% 확보" 라는 구체적인 목표를 설정하면 더욱 실질적인 전략을 수립할 수 있다.

목표 설정이 중요한 이유

- **방향성 제공** : 기업이 가야 할 방향을 제시한다.
- **동기 부여** : 목표가 명확할수록 직원들의 몰입도가 높아진다.
- **성과 평가 기준 제공** : 조직이 올바르게 가고 있는지 측정할 수 있다.

효과적인 목표 설정 방법 - SMART 원칙

목표 설정 시 SMART 원칙을 따르면 보다 구체적이고 실행 가능한 목표를 만들 수 있다.

- S(Specific, **구체적**) → 막연한 목표가 아니라 명확한 목표 설정
- M(Measurable, **측정 가능**) → 목표 달성 여부를 평가할 수 있어야 함
- A(Achievable, **실현 가능**) → 너무 비현실적인 목표는 피해야 함
- R(Relevant, **관련성 있음**) → 기업의 비전과 전략에 부합해야 함
- T(Time-bound, **기한 명확**) → 목표 달성의 마감 시점 설정

의사결정 과정

목표를 설정했다면, 이를 달성하기 위한 효과적인 의사결정이 필요하다. 잘못된 의사결정은 기업의 실패를 초래할 수 있으며, 반대로 올바른 의사결정은 기업 경쟁력을 강화하는 중요한 요소다.

의사결정 과정의 주요 단계

1. **문제 정의** → 기업이 직면한 문제를 명확히 규명
2. **정보 수집 및 분석** → 필요한 데이터를 모아 원인 분석
3. **대안 마련** → 가능한 여러 해결 방안 검토
4. **최적의 대안 선택** → 가장 효과적인 방법 결정
5. **실행 및 평가** → 실행 후 성과를 측정하고 보완

목표 설정과 의사결정이 기업에 미치는 영향

올바른 목표 설정과 체계적인 의사결정이 결합될 때, 기업은 지속적인 성장을 이룰 수 있다.

스타벅스 사례

- **목표** : "최고의 커피 경험을 제공하는 기업"
- **실행 전략** : 프리미엄 원두 사용, 차별화된 고객 서비스

넷플릭스 사례

- **목표** : “세계 최고의 스트리밍 서비스 제공”
- **실행 전략** : 자체 콘텐츠 제작, AI 기반 추천 시스템 도입

기업 성공의 핵심, 목표 설정과 의사결정

기업이 올바른 방향으로 성장하려면 명확한 목표 설정과 논리적인 의사결정 과정이 필수적이다.

- SMART 원칙을 적용해 구체적이고 실현 가능한 목표를 설정
- 문제를 정확히 분석하고 최적의 대안을 선택하는 체계적인 의사결정 수행
- 경영진뿐만 아니라 조직 전체가 목표에 맞춰 움직일 수 있도록 소통 강화

목표 설정과 의사결정은 경영의 핵심 과정이며, 이를 효과적으로 수행하는 것이 성공적인 기업 운영의 필수 조건이다.

04

경쟁 우위 확보 전략

기업이 시장에서 성공하려면 경쟁사보다 차별화된 강점을 확보해야 한다. 단순히 좋은 제품을 만드는 것만으로는 부족하며, 소비자의 마음을 사로잡고 지속적인 성장을 이루기 위해서는 '경쟁 우위'가 필요하다. 경쟁 우위란 쉽게 말해 다른 기업이 쉽게 따라 할 수 없는 차별적인 강점을 의미한다. 즉, 같은 업종에 속한 기업들 사이에서 더 많은 고객을 확보하고, 더 높은 수익을 올리며, 지속적으로 성장할 수 있는 능력을 갖추는 것이 경쟁 우위의 핵심이다.

비용 우위를 통한 경쟁력 확보

비용 우위 전략은 동일한 품질의 제품을 더 낮은 가격에 제공하여 가격 경쟁력을 확보하는 방식이다.

1. 대표 사례 - 월마트(Walmart)

월마트는 '매일 저렴한 가격(Everyday Low Price)'을 앞세워 대량 구매와 자체 물류 시스템 최적화를 통해 소비자에게 낮은 가격을 제공하며 경쟁 우위를 확보했다.

2. 비용 우위 전략 확보 방법

- 대량 생산을 통한 단가 절감
- 공급망 관리 최적화
- 자동화와 AI 활용으로 운영 비용 절감

하지만 가격 경쟁이 심한 시장에서는 지속 가능성이 낮아질 수 있으므로, 장기적인 수익성을 고려한 전략이 필요하다.

차별화 전략 - 고객이 '이 브랜드'를 선택하게 만들기

차별화 전략은 경쟁사와 다른 독창적인 가치를 제공하여 소비자의 선택을 유도하는 방식이다.

1. 대표 사례 - 애플(Apple)

애플은 감각적인 디자인과 혁신적인 기술을 결합해 '프리미엄 브랜드'로 자리 잡았다. 단순한 전자기기가 아니라 하나의 라이프스타일을 제공하는 것이 핵심 전략이다.

2. 차별화 전략 확보 방법

- 혁신적인 기술력 확보
- 브랜드 이미지 강화
- 고객 경험 차별화

차별화 전략의 핵심은 '이 브랜드가 아니면 안 된다'는 이유를 고객에게 제공하는 것이다. 이를 통해 가격이 다소 높더라도 브랜드 충성도를 높이고 지속적인 구매를 유도할 수 있다.

집중화 전략 - 특정 시장에서 강자가 되기

집중화 전략은 전체 시장을 공략하는 대신 특정 고객층이나 틈새시장에 집중하는 방식이다.

1. 대표 사례 - 테슬라(Tesla)

테슬라는 자동차 시장에서 전기차에 집중하며 친환경 차량 시장을 개척했다. 기존 자동차 제조사들이 내연기관 기술에 집중하는 동안, 테슬라는 전기차 기술과 충전 인프라에 집중하며 차별화했다.

2. 집중화 전략 확보 방법

- 특정 고객층을 타깃으로 차별화된 브랜드 구축
- 하나의 제품에 집중하여 경쟁력 강화

- 맞춤형 서비스 제공을 위한 철저한 시장 조사

집중화 전략의 장점은 경쟁이 심한 대형 시장을 피하면서도, 특정 분야에서 강자로 자리 잡을 수 있다는 것이다. 다만 시장이 너무 좁으면 성장 가능성이 제한될 수 있으므로 확장 가능성을 고려해야 한다.

지속 가능한 경쟁 우위 - 단순한 유행이 아닌 장기적인 성공 전략

경쟁 우위는 단기적인 성과만이 아니라, 장기적으로 유지할 수 있어야 한다.

1. 대표 사례 - 넷플릭스(Netflix)

넷플릭스는 DVD 대여 서비스에서 출발했지만, 스트리밍 서비스로 변화하면서 자체 콘텐츠 제작을 통해 경쟁사들이 쉽게 따라 할 수 없는 강점을 확보했다.

2. 지속 가능한 경쟁 우위 확보 방법

- 끊임없는 혁신과 기술 발전
- 고객과의 관계 구축 및 브랜드 충성도 확보
- 변화하는 시장 환경에 맞춘 유연한 사업 모델 조정

기업이 경쟁 우위를 확보하려면?

기업이 장기적으로 생존하고 성장하기 위해서는 차별화된 강점을 만들어야 한다.

1. **가격 경쟁력을 확보할 것인가?** → 비용 절감 전략
2. **독창적인 브랜드와 제품을 만들 것인가?** → 차별화 전략
3. **특정 시장을 공략할 것인가?** → 집중화 전략
4. **지속적으로 혁신하고 성장할 것인가?** → 변화 대응 전략

경쟁 우위는 단순히 '더 좋은 제품을 만드는 것'이 아니라 '고객이 반드시 이 브랜드를 선택하도록 만드는 것'이다. 기업이 시장에서 장기적으로 살아남으려면 경쟁 우위를 지속적으로 유지하고 발전시키는 전략이 반드시 필요하다.

리스크 관리와 전략적 의사결정

기업 운영에서 리스크(위험)는 피할 수 없는 요소다. 경제 불황, 경쟁사의 등장, 소비 트렌드 변화 등 다양한 위험이 기업을 위협할 수 있다. 하지만 중요한 것은 이를 완전히 제거하는 것이 아니라, 효과적으로 관리하고 전략적으로 대응하는 것이다.

리스크를 잘 관리하는 기업은 위기를 기회로 바꿀 수 있지만, 이를 간과하면 작은 문제들이 누적되어 큰 손실을 초래할 수 있다. 그렇다면 기업은 어떻게 리스크를 관리하고 전략적인 의사결정을 내릴 수 있을까?

리스크 관리란 무엇인가?

리스크 관리는 기업이 직면할 가능성이 있는 위험을 사전에 분석하고, 이를 최소화하는 전략을 수립하는 과정이다.

1. 리스크 관리의 3단계

- **리스크 식별** : 기업이 직면할 수 있는 위험 요소를 파악한다.
- **리스크 평가** : 리스크 발생 시 기업에 미치는 영향을 분석한다.
- **리스크 대응** : 리스크를 줄이거나 피하기 위한 전략을 수립한다.

기업이 직면하는 주요 리스크 유형과 대응 전략

재무 리스크 - 자금 문제

자금 운용 실패는 기업의 성장 기회를 제한할 수 있다.

- **대응** : 자금 흐름을 철저히 관리하고 투자처를 다변화한다.

시장 리스크 - 소비자 및 경쟁 변화

소비 트렌드 변화나 경쟁사의 등장으로 인해 시장 점유율을 잃을 수 있다.

- **대응** : 소비자 트렌드를 분석하고 경쟁사와 차별화된 강점을 확보한다.

운영 리스크 - 내부 시스템 문제

기업 내부의 생산 공정, 인력 관리, 기술 시스템 문제는 운영을 위협할 수 있다.

- **대응** : 비상 대응 프로세스를 구축하고 정기적인 시스템 점검을

수행한다.

전략적 의사결정이 중요한 이유

리스크 관리 과정에서 가장 중요한 것은 전략적인 의사결정이다. 위기 상황에서 신속하고 정확한 판단을 내려야 기업이 생존할 수 있다.

1. **데이터 기반 의사결정** - 직감이 아닌 데이터를 활용해 최선의 선택을 한다.
2. **장기적 관점 유지** - 단기 이익보다는 지속 가능한 성장을 고려한다.
3. **위기 대응책 마련** - 최악의 상황을 가정하고 대비 전략을 준비한다.

리스크 관리와 전략적 의사결정 사례

넷플릭스 - DVD 대여에서 스트리밍으로 전환

넷플릭스는 소비자 트렌드 변화를 인식하고 DVD 대여에서 스트리밍 서비스로 전환했다. 반면, 블록버스터는 변화에 적응하지 못해 시장에서 사라졌다.

- **성공 요인** : 미래 트렌드를 예측하고 유연한 비즈니스 모델을 구축했다.

테슬라 - 전기차 시장 선점

테슬라는 내연기관 중심의 자동차 시장에서 전기차에 집중하며 시장을 개척했다.

- **성공 요인** : 장기적인 관점에서 신기술에 투자하고 과감한 결정을 내렸다.

기업이 리스크를 관리하는 3가지 핵심 전략

1. 리스크를 사전에 예측하고 대비책을 마련하라

다양한 시나리오를 가정하고 대응 전략을 수립해야 한다.

2. 위기 발생 시 신속하고 정확한 의사결정을 내려라

데이터 분석을 기반으로 전략을 수정하고 빠르게 대응해야 한다.

3. 장기적인 관점에서 기업의 지속 가능성을 고려하라

단기적인 이익보다는 장기적 성장과 시장 변화에 대한 유연성을 확보해야 한다.

리스크 관리와 전략적 의사결정이 기업의 생존을 좌우한다

리스크는 피할 수 없지만 효과적인 관리와 전략적 대응을 통해 기업의 미래를 결정할 수 있다.

- 리스크는 완전히 제거할 수 없지만 대비할 수 있다.
- 변화하는 시장에서 살아남으려면 전략적 의사결정이 필수적이다.
- 장기적인 성장을 목표로 지속 가능한 전략을 구축해야 한다.

기업의 성공 여부는 단순한 운이 아니라, 위기를 어떻게 관리하고 기회로 바꾸는가에 달려 있다.

4장

조직과 인적 자원 관리

조직의 구조와 유형

기업이 성장하고 운영되기 위해서는 명확한 조직 구조가 필요하다. 조직 구조는 기업이 목표를 효과적으로 달성하기 위해 업무를 어떻게 나누고, 책임을 누구에게 부여하며, 의사결정을 어떤 방식으로 내릴 것인가를 결정하는 틀이다. 조직 구조가 잘 설계되면 업무의 흐름이 원활해지고, 직원들이 각자의 역할을 명확히 이해하여 효율적으로 일할 수 있다. 반대로 조직 구조가 명확하지 않으면 업무가 중복되거나 누락되고, 의사결정이 느려지며, 직원들 간의 갈등이 발생할 가능성이 커진다.

기업마다 조직 구조는 다르게 설계된다. 전통적인 위계 조직을 유지하는 기업이 있는가 하면, 수평적인 문화를 강조하는 기업도 있다. 조직 구조의 유형에 따라 의사결정 방식과 업무 처리 속도, 부서 간 협업 방식이 크게 달라지므로 기업의 목표와 환경에 맞는 구조를 설계하는 것이 중요하다.

조직 구조의 주요 유형

1. 기능별 조직 - 업무별로 부서를 나눈다

기능별 조직 구조는 비슷한 업무를 수행하는 직원들을 같은 부서로 묶는 방식이다. 예를 들어, 기업 내에서 마케팅, 재무, 인사, 연구개발(R&D) 등의 부서를 나누고, 각 부서에서 해당 업무를 전문적으로 담당하도록 운영한다. 이렇게 하면 업무의 전문성이 강화되고 부서 내 협업이 원활해질 수 있다. 그러나 부서 간 협업은 어려워질 가능성이 있으며, 조직 운영이 고객보다는 내부 프로세스 중심으로 흐를 위험이 있다. 이 때문에 삼성, 현대자동차, 공공기관과 같은 대기업이나 정부기관에서 기능별 조직 구조를 주로 채택하고 있다.

2. 사업부제 조직 - 제품이나 지역별로 부서를 나눈다

사업부제 조직 구조는 기업이 제공하는 제품군이나 시장에 따라 독립적인 사업 부서를 운영하는 방식이다. 예를 들어, 글로벌 기업의 경우 한국, 미국, 유럽 등 지역별로 사업부를 나누거나, 스마트폰, 가전, 자동차 등 제품군별로 사업부를 운영할 수 있다. 각 사업부가 독립적으로 의사결정을 내릴 수 있어 시장 변화에 신속하게 대응할 수 있으며 책임 경영이 강화된다는 장점이 있다. 하지만 사업부 간 중복된 비용이 발생할 가능성이 있으며, 기업 전체적으로 볼 때 비효율적인 요소가 생길 수도 있다. 삼성전자, LG전자, 현대자동차처럼 다양한 제품군을 보유한 대기업에서 주로 활용하는 구조다.

3. 매트릭스 조직 - 두 개 이상의 조직 구조를 결합한다

매트릭스 조직 구조는 기능별 조직과 사업부제 조직을 결합하여 운영하는 방식이다. 직원들은 기능별 팀(예 : 마케팅, 재무)에도 속하면서 프로젝트별 팀(예 : 신제품 개발팀)에도 속하는 형태로 일하게 된다. 이를 통해 프로젝트 중심으로 유연한 인력 배치가 가능하며, 다양한 부서가 협력하여 창의적인 해결책을 찾을 수 있다. 그러나 한 명의 직원이 여러 팀에 속하게 되면서 보고 체계가 복잡해지고, 책임과 권한이 분산될 가능성이 있어 혼란이 발생할 수도 있다. 이 구조는 구글, 애플과 같은 IT 기업이나 컨설팅 회사처럼 프로젝트 중심으로 운영되는 조직에서 많이 활용된다.

4. 수평적 조직 - 계층을 줄이고 자율성을 높인다

수평적 조직 구조는 전통적인 위계질서를 최소화하고, 직원들의 자율성을 높이는 방식이다. 기업 내에서 부서 간 경계를 줄이고, 직원들이 직접 협업하며 문제를 해결하도록 유도한다. 이를 통해 빠른 의사결정이 가능하고, 직원들의 창의성과 자율성이 높아져 혁신적인 아이디어가 나오기 쉬운 환경이 조성된다. 그러나 조직 규모가 커질

수록 관리가 어려워질 수 있으며, 명확한 역할 분배가 이루어지지 않으면 혼란이 발생할 수 있다. 이러한 구조는 스타트업, IT 기업처럼 창의성과 혁신이 중요한 기업에서 많이 활용된다.

기업은 조직 구조를 어떻게 선택할까?

기업이 조직 구조를 선택할 때 고려해야 할 요소는 여러 가지가 있다. 우선, 기업의 규모가 중요한 영향을 미친다. 작은 기업은 단순한 조직 구조를 선호하지만, 대기업은 보다 체계적인 구조가 필요하다. 또한, 산업의 특성도 고려해야 한다. 예를 들어, 제조업은 기능별 조직 구조를 선호하고, IT 기업은 빠른 의사결정과 유연성을 확보하기 위해 수평적 조직 구조를 선호하는 경우가 많다. 마지막으로, 시장 환경의 변화 속도도 조직 구조 선택에 중요한 요소다. 빠르게 변화하는 시장에서는 보다 유연한 조직 구조를 도입하는 것이 필요할 수 있다.

조직 구조는 기업의 성과를 좌우한다

조직 구조는 기업이 목표를 달성하는 데 중요한 역할을 한다. 적절한 조직 구조를 선택하면 업무 효율성이 높아지고, 의사결정이 원활해지며, 기업이 성장하는 데 유리한 환경이 조성된다.

- 대기업은 기능별 조직 구조를 활용하여 안정성을 높인다.
- 다양한 제품군을 보유한 기업은 사업부제 조직 구조를 활용하

여 독립적인 운영을 강화한다.

- 프로젝트 중심 기업은 매트릭스 조직을 도입하여 유연성을 확보한다.
- 스타트업과 IT 기업은 수평적 조직을 통해 창의적인 업무 환경을 조성한다.

기업이 변화하는 시장 환경과 내부 전략에 맞춰 조직 구조를 효과적으로 설계하는 것이 경영 전략의 핵심 요소 중 하나라고 할 수 있다.

효과적인 팀 구성과 리더십

기업이 목표를 달성하기 위해서는 개별 직원의 역량뿐만 아니라 팀의 협업이 필수적이다. 팀이 잘 조직되고 효과적으로 운영될 때 업무 성과는 극대화된다. 하지만 팀워크가 부족하거나 리더십이 제대로 발휘되지 않으면, 구성원 간 갈등이 발생하고 성과가 저하될 수 있다. 그렇다면 어떻게 하면 효과적인 팀을 구성하고, 성공적인 리더십을 발휘할 수 있을까?

효과적인 팀 구성의 핵심 요소

1. 역할과 책임이 명확해야 한다

팀원들은 각자의 역할과 책임을 명확히 이해해야 한다. 그렇지 않으면 업무가 중복되거나 누락될 가능성이 크다. 예를 들어, 한 프로젝트를 수행할 때 기획, 디자인, 마케팅, 재무 등 각자의 역할을 명확히 정하면 업무가 효율적으로 진행될 수 있다.

2. 다양한 역량을 가진 팀원들이 모여야 한다

성공적인 팀은 서로 보완할 수 있는 다양한 역량을 가진 구성원들로 이루어진다. 예를 들어, 창의적인 사고를 하는 사람과 논리적으로 분석하는 사람이 함께 일하면 보다 균형 잡힌 결정을 내릴 수 있다.

3. 팀 내 소통이 원활해야 한다

팀원들 간의 커뮤니케이션이 원활해야 업무 진행이 원활해진다. 의견을 자유롭게 나눌 수 있는 분위기를 조성하고, 정기적인 회의를 통해 진행 상황을 점검하는 것이 중요하다.

4. 공동의 목표를 공유해야 한다

모든 팀원들이 같은 목표를 향해 나아가야 한다. 목표가 명확하지 않으면 각자가 다른 방향으로 움직이게 되고, 결국 팀워크가 무너질 수 있다.

효과적인 리더십의 요소

1. 명확한 방향을 제시하는 리더

리더는 팀이 가야 할 방향을 명확하게 설정해야 한다. 목표가 불분명하면 팀원들이 혼란을 겪게 되고, 업무 진행이 원활하지 않을 수 있다.

2. 팀원의 강점을 활용하는 리더

좋은 리더는 각 팀원의 강점을 파악하고, 이를 최대한 발휘할 수 있도록 돕는다. 예를 들어, 창의력이 뛰어난 사람에게는 기획 업무를 맡기고, 논리적인 사고가 강한 사람에게는 분석 업무를 맡기는 식으로 역할을 조정할 수 있다.

3. 신뢰를 형성하는 리더

리더가 팀원들에게 신뢰를 주어야 팀이 원활하게 운영될 수 있다. 팀원들의 의견을 존중하고, 실수를 했을 때는 이를 배움의 기회로 삼도록 독려하는 태도가 필요하다.

4. 동기를 부여하는 리더

팀원들에게 동기를 부여하는 것도 리더의 중요한 역할이다. 성과를 인정하고 피드백을 제공하며, 도전할 수 있는 기회를 주는 것이 동기 부여에 큰 영향을 미친다.

강한 팀은 좋은 리더가 만든다

효과적인 팀을 구성하려면 명확한 역할과 책임, 원활한 소통, 공동의 목표 공유가 필수적이다. 또한, 좋은 리더십이 뒷받침되어야 팀이 성공적으로 운영될 수 있다. 리더는 방향을 제시하고, 팀원들의 강점을 활용하며, 신뢰와 동기를 부여해야 한다. 이를 실천하는 팀과 리더가 있는 조직은 높은 성과를 내고 지속적인 성장을 이룰 수 있다.

03

인적 자원 관리의 기본 원칙

기업이 성장하고 경쟁력을 유지하기 위해서는 '사람'이 가장 중요한 자산이다. 인적 자원 관리(Human Resource Management, HRM)는 직원들이 자신의 역량을 최대한 발휘할 수 있도록 지원하고, 조직의 목표를 효과적으로 달성할 수 있도록 돕는 과정이다. 그렇다면 효과적인 인적 자원 관리를 위해 어떤 원칙이 필요할까?

적재적소에 인재 배치하기

기업이 원하는 인재를 채용하는 것도 중요하지만, 적합한 사람을 적절한 위치에 배치하는 것이 더욱 중요하다. 예를 들어, 창의적인 기획력을 가진 사람에게는 마케팅이나 디자인 업무가 어울리고, 분석력이 뛰어난 사람에게는 데이터 관리나 회계 업무가 적합할 수 있다. 각자의 강점을 살릴 수 있는 역할을 부여하면 개인의 성과뿐만 아니라 조직의 생산성도 높아진다.

공정하고 체계적인 평가와 보상

직원들이 동기부여를 받기 위해서는 공정한 평가와 보상 시스템이 필요하다.

- 평가 기준이 명확해야 직원들이 어떤 부분을 개선해야 할지 알 수 있다.
- 성과에 따라 보상을 제공하면 직원들은 더 적극적으로 업무에 몰입한다.
- 단순한 급여 인상뿐만 아니라 승진, 교육 기회 제공, 유연한 근무 환경 제공 등 다양한 형태의 보상이 필요하다.

어떤 회사는 성과를 내는 직원에게 연봉을 올려주는 것뿐만 아니라, 추가 교육 기회를 제공하거나 유연 근무제를 적용하여 직원들의 만족도를 높였다. 이런 방식의 보상은 단기적인 동기부여뿐만 아니라 장기적인 성장에도 도움을 준다.

지속적인 교육과 개발 기회 제공

기업이 성장하려면 직원들도 함께 성장해야 한다. 따라서 직원들의 역량을 지속적으로 개발할 수 있도록 교육과 훈련을 제공하는 것이 중요하다.

- 신입 직원에게는 조직의 문화와 업무 방식을 익힐 수 있도록 교육을 제공한다.
- 기존 직원들에게는 업무에 필요한 새로운 기술과 트렌드를 배울 기회를 마련한다.
- 리더가 될 직원들에게는 관리 및 의사결정 능력을 키울 수 있는 교육을 제공한다.

어떤 기업은 직원들이 원하는 교육을 자유롭게 신청할 수 있도록 학습 지원금을 제공하고 있다. 이를 통해 직원들은 자신의 관심 분야를 발전시키며, 기업의 경쟁력도 함께 성장하고 있다.

건강한 조직 문화 조성

인적 자원 관리는 단순히 직원들의 업무 능력을 높이는 것이 아니라, 직원들이 일하기 좋은 환경을 만드는 것도 포함된다.

- **의사소통이 원활한 조직** : 직원들이 자유롭게 의견을 낼 수 있어야 한다.
- **심리적 안전감 제공** : 실패를 두려워하지 않고 새로운 시도를 할 수 있도록 장려해야 한다.
- **일과 삶의 균형 유지** : 유연 근무제, 재택근무, 충분한 휴식을 보장하는 정책이 필요하다.

구글은 직원들이 편하게 일할 수 있도록 자유로운 업무 환경, 창의적인 공간, 복지 혜택을 제공한다. 이로 인해 직원들의 만족도가 높아지고, 더 좋은 성과를 내고 있다.

인재를 성장시키는 기업이 성공한다

기업이 지속적으로 성장하려면 적재적소에 인재를 배치하고, 공정한 평가와 보상을 제공하며, 지속적인 교육과 건강한 조직 문화를 조성해야 한다.

좋은 인적 자원 관리는 직원들의 만족도를 높일 뿐만 아니라, 기업의 성과를 극대화하는 핵심 요소다. 기업이 '사람'에 투자하면, 직원들은 더 큰 성과로 보답하며, 조직 전체가 함께 성장할 수 있다.

조직 문화와 기업 철학의 중요성

기업이 성장하고 지속적으로 경쟁력을 유지하기 위해서는 제품이나 서비스의 질뿐만 아니라, 그 조직 내부의 문화와 철학이 탄탄해야 한다. 조직 문화는 기업 내에서 사람들이 일하는 방식과 그 분위기를 형성하며, 기업 철학은 조직이 지향하는 가치와 목표를 의미한다. 이 두 가지 요소가 뚜렷할수록 직원들의 만족도가 높아지고, 회사의 방향성이 명확해진다.

어떤 기업은 자유롭고 창의적인 분위기를 강조하고, 또 어떤 기업은 엄격한 규율과 절차를 중시한다. 하지만 중요한 것은 기업이 어떤 조직 문화를 가질지 명확하게 정하고, 그에 맞는 기업 철학을 실천하는 것이다. 조직 문화가 긍정적이고 기업 철학이 명확한 기업은 직원들이 같은 목표를 향해 나아갈 수 있으며, 고객들에게도 신뢰를 줄 수 있다.

조직 문화가 기업에 미치는 영향

조직 문화는 기업 내에서 사람들이 일하는 방식과 태도를 결정하는 중요한 요소다. 단순히 회사의 분위기를 의미하는 것이 아니라, 직원들의 업무 효율성과 성과에 직접적인 영향을 미친다.

예를 들어, 구글은 직원들에게 자유롭고 창의적인 환경을 제공하는 것으로 유명하다. 구글의 사무실에는 미끄럼틀과 휴식 공간이 마련되어 있으며, 직원들이 다양한 아이디어를 자유롭게 제안할 수 있도록 장려한다. 이처럼 유연한 조직 문화는 창의적인 아이디어를 끌어내고, 혁신적인 제품과 서비스를 개발하는 데 도움이 된다.

반면, 금융업계나 제조업체와 같이 규율과 절차가 중요한 산업에서는 체계적인 조직 문화를 강조한다. 예를 들어, 삼성전자는 철저한 계획과 품질 관리를 중요시하며, 정해진 절차를 따르는 것이 기업 문화의 핵심 요소다.

이처럼 기업의 특성과 목표에 따라 조직 문화의 형태는 다를 수 있지만, 중요한 것은 어떤 조직 문화든 일관성이 있어야 하며, 직원들이 그 문화를 이해하고 따를 수 있도록 해야 한다는 점이다.

기업 철학이 조직에 미치는 영향

기업 철학은 단순히 회사의 운영 방식이 아니라, 회사가 존재하는 이유와 목표를 정의하는 핵심 가치다. 기업 철학이 명확할수록 직원들은 자신이 하는 일이 어떤 의미가 있는지 깨닫고, 업무에 더 몰입할 수 있다.

예를 들어, 스타벅스는 단순히 커피를 판매하는 것이 아니라, '사람들에게 따뜻한 경험을 제공한다'는 철학을 바탕으로 운영된다. 이러한 철학 덕분에 스타벅스 직원들은 고객에게 단순히 커피를 제공하는 것이 아니라, 더 좋은 서비스를 제공하기 위해 노력하게 된다.

또한, 테슬라는 '지속 가능한 에너지 혁신'을 목표로 한다. 이 철학 덕분에 테슬라는 전기차뿐만 아니라 태양광 패널과 배터리 기술을 개발하며, 미래 에너지 산업을 선도하고 있다.

이처럼 기업 철학이 명확하면 직원들에게 일하는 의미를 부여할 수 있으며, 고객들에게도 신뢰를 줄 수 있다.

조직 문화를 건강하게 만들기 위한 방법

강한 조직 문화를 만들기 위해서는 명확한 기업 철학을 바탕으로, 직원들이 자율적이고 효율적으로 일할 수 있도록 환경을 조성하는 것이 중요하다. 이를 위해 다음과 같은 요소들이 필요하다.

1. 명확한 비전과 목표 설정

- 직원들에게 회사의 목표와 비전을 명확하게 전달해야 한다.
- "우리는 왜 이 일을 하는가?"에 대한 답이 필요하다.

2. 리더의 역할

- 경영진과 리더들은 조직 문화를 직접 실천해야 한다.

- 리더가 솔선수범해야 직원들도 그 문화를 따를 수 있다.

3. 효과적인 소통 구조 구축

- 직원들이 자유롭게 의견을 제시할 수 있는 환경을 만들어야 한다.
- 수직적인 조직 문화보다는, 협력과 토론을 장려하는 조직이 더 효율적이다.

4. 직원들의 참여와 동기부여

- 직원들이 조직 문화 형성에 적극적으로 참여할 수 있도록 해야 한다.
- 예를 들어, 구글은 직원들이 새로운 아이디어를 제안할 수 있도록 '20% 룰'을 도입했다.

강한 조직 문화와 철학이 기업의 성장을 만든다

조직 문화와 기업 철학은 기업이 단순한 운영을 넘어, 지속적으로 성장하고 발전하는 데 핵심적인 역할을 한다. 명확한 철학과 건강한 조직 문화를 가진 기업은 직원들의 만족도를 높이고, 생산성을 극대화할 수 있다. 또한, 고객들에게도 신뢰를 줄 수 있으며, 장기적으로 기업의 경쟁력을 강화하는 데 중요한 요소가 된다.

결국, 조직 문화와 기업 철학을 어떻게 설정하고 운영하느냐에 따라 기업의 미래가 결정된다. 따라서 기업은 자신만의 철학과 문화를 정립하고, 이를 직원들과 공유하며 실천하는 것이 필수적이다.

05

성과 평가와 동기 부여 전략

조직에서 직원들의 성과를 평가하고 적절한 동기 부여 전략을 마련하는 것은 기업의 성장과 지속적인 발전을 위해 필수적인 과정이다. 성과 평가는 직원들의 업무 성과를 객관적으로 측정하고, 이를 기반으로 보상과 피드백을 제공하는 과정이다. 하지만 단순히 평가하는 것만으로는 직원들이 동기부여를 받을 수 없다. 올바른 평가 방식과 적절한 동기 부여 전략이 함께 이루어져야 직원들이 지속적으로 높은 성과를 낼 수 있다.

성과 평가의 중요성

성과 평가는 직원들의 능력을 파악하고, 조직의 목표에 맞는 방향으로 업무를 조정하는 역할을 한다. 효과적인 성과 평가는 직원들의 강점과 약점을 분석하고, 필요한 교육이나 보완책을 마련하는 기회가 된다. 또한, 공정한 평가를 통해 직원들이 자신의 노력에 대한 정당한 보상을 받을 수 있도록 돕는다.

성과 평가 방식은 기업마다 다를 수 있지만, 대표적인 평가 방법으로는 목표 기반 평가(MBO), 360도 피드백, 역량 평가 등이 있다.

- **목표 기반 평가**(MBO, Management by Objectives) : 직원과 조직이 함께 목표를 설정하고, 이를 달성한 정도에 따라 평가하는 방식이다.
- **360도 피드백** : 직원의 상사, 동료, 부하 직원, 고객 등 다양한 이해관계자들이 평가에 참여하는 방식으로, 다각적인 관점에서 평가가 이루어진다.
- **역량 평가** : 직원들의 업무 능력, 문제 해결력, 창의성 등을 종합적으로 평가하는 방법이다.

중요한 것은 평가 방식이 공정하고 투명해야 한다는 점이다. 불공정한 평가나 주관적인 판단이 개입되면 직원들의 신뢰를 잃게 되고, 오히려 동기 부여가 저하될 수 있다.

동기 부여 전략 - 직원들의 의욕을 높이는 방법

성과 평가가 단순한 평가에서 끝나지 않고, 직원들의 동기부여로 이어지려면 적절한 보상과 피드백이 필요하다. 동기 부여는 직원들이 업무에 열정을 가지고 적극적으로 참여할 수 있도록 돕는 요소다.

1. 금전적 보상 vs. 비금전적 보상

직원들의 성과를 보상하는 가장 직접적인 방법은 급여 인상, 보너스, 인센티브 지급과 같은 금전적 보상이다. 하지만 금전적 보상만으로는 직원들의 장기적인 동기를 유지하기 어렵다.

비금전적 보상도 함께 고려해야 한다. 예를 들어, 승진 기회, 교육 지원, 유연한 근무 환경, 추가 휴가 제공 등의 방식이 있다. 스타트업이나 창의적인 조직에서는 금전적 보상보다도 직원들의 성장과 자율성을 보장하는 것이 더 큰 동기부여 요소가 되기도 한다.

2. 공정한 평가와 피드백 제공

직원들은 자신의 성과가 공정하게 평가받고 있다고 느낄 때, 더 높은 동기부여를 갖는다. 성과 평가 결과를 직원들에게 명확히 공유하고, 어떤 부분이 잘했는지, 어떤 점을 개선해야 하는지 구체적인 피드백을 제공하는 것이 중요하다.

단순히 "잘했어" 또는 "더 노력해야 해"라고 말하는 것이 아니라, 구체적인 예시와 함께 피드백을 제공해야 한다. 예를 들어,

- **잘못된 피드백** : “이번 프로젝트는 기대에 미치지 못했어.”
- **올바른 피드백** : “프로젝트의 기획 과정은 좋았지만, 시장 분석 자료가 부족했어. 다음 프로젝트에서는 데이터 기반의 분석을 좀 더 강화하면 좋겠어.”

3. 자율성과 책임감을 부여하는 환경 조성

동기 부여는 단순한 보상과 피드백에서 끝나는 것이 아니라, 직원들이 자신의 업무에 주인의식을 가질 수 있도록 하는 것이 중요하다. 업무의 자율성을 높이고, 직원들이 자신의 아이디어를 직접 실행할 수 있는 기회를 제공하면 동기부여가 더욱 커진다.

예를 들어, 구글은 직원들이 자신이 원하는 프로젝트에 시간을 투자할 수 있도록 '20% 룰'을 운영하며, 넷플릭스는 직원들에게 자유로운 근무 환경을 제공하여 책임감과 창의성을 높이고 있다.

성과 평가와 동기 부여는 함께 가야 한다

성과 평가는 단순히 직원들의 업무 결과를 측정하는 것이 아니라, 직원들이 더 좋은 성과를 낼 수 있도록 돕는 과정이어야 한다. 공정한 평가와 명확한 피드백을 제공하고, 금전적·비금전적 보상을 적절히 활용하며, 직원들에게 자율성과 성장 기회를 부여할 때, 조직은 더 높은 성과를 거둘 수 있다.

직원들이 스스로 동기부여를 느낄 수 있는 환경을 조성하는 것이 기업의 장기적인 성공을 결정짓는 핵심 요소다.

마케팅의 이해

01

마케팅의 기본 개념

마케팅은 단순히 제품을 광고하고 판매하는 과정이 아니다. 이는 고객이 원하는 가치를 제공하고, 제품이나 서비스를 필요로 하는 사람들에게 효과적으로 전달하는 모든 활동을 의미한다. 즉, 마케팅은 고객을 이해하고, 그들에게 적합한 제품과 서비스를 개발하며, 적절한 방식으로 이를 알리는 과정이다.

과거에는 마케팅이 '광고'나 '판매'로만 여겨지는 경우가 많았지만, 현대의 마케팅은 소비자의 니즈(Needs)와 욕구(Wants)를 충족하는 데 초점을 맞춘다. 예를 들어, 사람들이 더 건강한 음식을 원한다면, 기업은 건강한 식재료로 만든 제품을 개발하고, 그 가치를 효과적으로 전달하는 전략을 세운다. 이처럼 마케팅의 핵심은 소비자가 원하는 것을 정확히 파악하고, 이를 제공하는 데 있다.

마케팅의 기본 요소를 이해하기 위해 흔히 사용되는 개념이 마케팅 믹스(4P)이다.

- **제품**(Product) : 고객이 필요로 하는 상품이나 서비스를 의미한다. 좋은 제품은 단순한 기능을 넘어 고객에게 특별한 경험과 가치를 제공해야 한다.
- **가격**(Price) : 제품이 제공하는 가치에 대해 소비자가 지불하는 금액이다. 가격은 시장의 경쟁 상황, 원가, 브랜드 이미지 등에 따라 결정되며, 적절한 가격 설정이 중요하다.
- **유통**(Place) : 제품이 고객에게 전달되는 경로를 의미한다. 온라인 쇼핑몰, 오프라인 매장, 소셜미디어 플랫폼 등 다양한 유통 채널이 존재하며, 고객이 원하는 방식으로 접근할 수 있도록 해야 한다.
- **촉진**(Promotion) : 광고, 홍보, 할인 행사, SNS 마케팅 등 제품을 알리고 소비자의 관심을 끄는 모든 활동이 포함된다. 효과적인 마케팅 전략을 통해 고객이 제품을 인지하고 구매로 이어지도록 유도해야 한다.

이제는 단순히 '좋은 제품을 만들면 팔린다'는 시대가 아니다. 소비자의 관심을 끌고, 경쟁 기업과 차별화되며, 고객과 지속적인 관계를 유지하는 것이 마케팅의 핵심이 되었다. 예를 들어, 애플은 단순히 스마트폰을 판매하는 것이 아니라 '혁신적인 디자인과 사용자 경험'이라는 가치를 전달하며 충성도 높은 팬층을 확보했다.

또한, 디지털 기술의 발전으로 마케팅 환경은 빠르게 변화하고 있다. SNS, 유튜브, 인플루언서 마케팅 등의 새로운 전략이 등장하면서, 기업들은 다양한 방식으로 소비자와 소통하고 있다. 이제는 단순한 광고보다 소비자가 직접 참여할 수 있는 콘텐츠, 브랜드 경험을 중요하게 여긴다.

결국 마케팅은 '고객 중심'의 사고방식에서 출발해야 한다. 제품을 만드는 것뿐만 아니라, 고객이 원하는 것이 무엇인지 고민하고, 그들이 제품을 필요로 하는 순간에 자연스럽게 다가가는 것이 성공적인 마케팅의 핵심이다.

시장 조사와 소비자 행동 분석

기업이 제품이나 서비스를 성공적으로 판매하기 위해서는 소비자가 무엇을 원하고, 어떤 방식으로 구매 결정을 내리는지를 이해하는 것이 중요하다. 이를 위해 활용하는 것이 시장 조사와 소비자 행동 분석이다.

시장 조사란 무엇인가?

시장 조사는 소비자와 시장의 특성을 파악하기 위해 데이터를 수집하고 분석하는 과정이다. 기업이 신제품을 출시하거나 마케팅 전략을 세울 때, 막연한 감이 아니라 실제 데이터를 기반으로 의사결정을 내리는 것이 핵심이다.

예를 들어, 한 의류 브랜드가 Z세대(1995~2010년생)를 겨냥한 새로운 패션 라인을 출시하려 한다고 가정해보자. 이 브랜드가 Z세대의 소비 습관을 제대로 이해하지 못한 채 기존 전략을 고수하면, 기대만큼의 성과를 얻지 못할 수 있다. 그러나 사전 시장 조사를 통해 Z세대는 개성을 중시하고, SNS에서 유행하는 스타일에 민감하며, 중고 거래에도 적극적이라는 사실을 알게 된다면, 브랜드는 트렌디한 디자인과 지속 가능한 소재를 강조하는 마케팅 전략을 세울 수 있다.

시장 조사는 크게 정량 조사(Quantitative Research)와 정성 조사(Qualitative Research)로 나뉜다.

- **정량 조사** : 숫자로 측정 가능한 데이터를 수집하는 방법. 예를 들어, 설문조사를 통해 "이 제품을 구매할 의향이 있습니까?"라는 질문에 대한 응답을 수집하고, 60% 이상의 응답자가 긍정적으로 답했다면 제품의 성공 가능성이 높다고 예측할 수 있다.
- **정성 조사** : 소비자의 심리나 행동 패턴을 깊이 이해하기 위해 인터뷰나 포커스 그룹을 활용하는 방법. 예를 들어, 특정 소비자 그룹을 대상으로 "이 브랜드의 이미지가 어떻게 느껴지나요?"라는 질문을 던져 그들의 솔직한 의견을 듣는다.

소비자 행동 분석의 중요성

소비자 행동 분석은 사람들이 어떤 이유로 제품을 구매하는지, 그리고 구매 과정에서 어떤 요소가 영향을 미치는지를 연구하는 과정이다.

소비자는 단순히 제품의 가격이나 품질만 고려하지 않는다. 심리적인 요인, 사회적인 요인, 문화적인 요소 등이 결합되어 최종적인 구매 결정을 내린다.

1. 소비자가 제품을 선택하는 과정

일반적으로 소비자가 제품을 구매하는 과정은 다음과 같은 단계로 이루어진다.

- **문제 인식** : 필요성을 느끼는 순간. 예를 들어, 스마트폰 배터리가 빨리 닳아 불편함을 느끼면 새 스마트폰이 필요하다고 생각하게 된다.
- **정보 탐색** : 제품을 찾기 위해 검색하는 단계. 인터넷 검색, 유튜브 리뷰, 친구 추천 등을 통해 정보를 얻는다.
- **대안 평가** : 여러 제품을 비교하는 과정. 예를 들어, 삼성과 애플의 스마트폰을 비교하며 자신에게 맞는 제품을 선택한다.
- **구매 결정** : 최종적으로 제품을 선택하고 구매하는 단계. 여기서 할인 쿠폰, 무료 배송 등의 프로모션이 영향을 미칠 수도 있다.
- **구매 후 행동** : 만족 여부를 평가하는 단계. 제품이 기대만큼 좋다면 재구매할 가능성이 높고, 불만족스럽다면 부정적인 후기를 남길 수도 있다.

소비자 행동에 영향을 미치는 요인

소비자의 행동에는 다양한 요인이 영향을 미친다.

- **심리적 요인** : 개인의 욕구, 동기, 인식 등이 소비 결정에 영향을 준다. 예를 들어, 프리미엄 브랜드의 제품을 구매하면 '자신의 가치가 올라간다'고 느끼는 소비자도 있다.
- **사회적 요인** : 가족, 친구, 동료, SNS 인플루언서 등의 의견이 영향을 미친다. 예를 들어, 한 유튜버가 추천하는 제품이 갑자기 인기를 얻는 경우가 많다.
- **문화적 요인** : 특정 문화나 트렌드가 소비자의 선호도를 결정한다. 최근 몇 년간 환경 보호에 대한 관심이 높아지면서 친환경 제품 소비가 증가하는 것이 대표적인 사례다.

데이터 기반의 마케팅 전략

기업은 시장 조사와 소비자 행동 분석을 통해 얻은 데이터를 활용하여 더 효과적인 마케팅 전략을 세울 수 있다.

예를 들어, 넷플릭스는 소비자의 시청 패턴을 분석해 맞춤형 추천 시스템을 제공한다. 사용자가 특정 장르의 영화를 자주 본다면, 그와 비슷한 콘텐츠를 추천하는 방식이다. 이를 통해 소비자는 자신의 취향에 맞는 영상을 쉽게 찾을 수 있고, 넷플릭스는 이용자의 만족도를 높이며 재구독률을 유지할 수 있다.

또한, 쿠팡과 같은 e커머스 기업은 소비자의 검색 기록과 구매 데이터를 분석해, 개인 맞춤형 광고를 제공한다. 예를 들어, 사용자가 특정 브랜드의 운동화를 검색했다면, 그 브랜드의 다른 제품 광고가 자주 노출되도록 하는 것이다.

시장 조사와 소비자 행동 분석은 기업이 성공적인 마케팅 전략을 세우는 데 필수적인 요소다. 단순히 제품을 만드는 것이 아니라, 소비자가 어떤 니즈를 가지고 있는지, 어떤 방식으로 구매 결정을 내리는지를 이해해야 한다. 이를 통해 기업은 더 효과적으로 소비자에게 접근할 수 있으며, 장기적인 성장을 이루는 기반을 마련할 수 있다.

03

마케팅 믹스(4P) : 제품, 가격, 유통, 촉진

마케팅 전략을 효과적으로 수립하기 위해 가장 널리 사용되는 개념이 마케팅 믹스(Marketing Mix)이다. 이는 기업이 소비자에게 제품을 제공할 때 고려해야 할 네 가지 핵심 요소, 즉 제품(Product), 가격(Price), 유통(Place), 촉진(Promotion)을 의미한다. 마케팅 믹스는 기업이 시장에서 성공적인 전략을 수립하는 데 필수적인 역할을 한다.

1. 제품 : 소비자가 원하는 가치를 제공하는 것

제품은 기업이 고객에게 제공하는 핵심 가치다. 제품은 단순히 물리적인 물건뿐만 아니라 서비스도 포함된다. 기업은 고객이 원하는 기능, 디자인, 품질 등을 고려해 제품을 설계해야 한다.

예를 들어, 애플의 아이폰은 단순한 스마트폰이 아니라 프리미엄 디자인, 사용자 친화적인 인터페이스, 강력한 생태계라는 가치를 제공한다. 이러한 제품 전략 덕분에 애플은 브랜드 충성도가 높은 고객층을 확보할 수 있었다.

기업이 제품을 개발할 때 고려해야 할 사항은 다음과 같다.

- 소비자의 필요와 욕구를 충족하는가?
- 경쟁 제품과 차별화되는 점은 무엇인가?
- 품질과 기능은 기대 수준을 충족하는가?
- 브랜딩과 포장 디자인은 소비자에게 어떤 인상을 주는가?

또한, 제품에는 수명 주기(Product Life Cycle)가 있다. 모든 제품은 출시(introduction), 성장(growth), 성숙(maturity), 쇠퇴(decline) 단계를 거치며, 기업은 각 단계에서 적절한 마케팅 전략을 조정해야 한다.

2. 가격 : 소비자가 제품에 지불하는 금액

가격은 제품이 제공하는 가치에 대한 소비자의 평가를 반영하는 요소다. 소비자는 단순히 가장 저렴한 제품을 찾는 것이 아니라, 가격 대비 가치를 중요하게 여긴다.

가격을 책정할 때 기업은 다음과 같은 요소를 고려해야 한다.

- **원가** : 제품 생산과 유통에 들어가는 비용을 고려해야 한다.
- **경쟁사 가격** : 유사한 제품을 판매하는 경쟁사의 가격과 비교

해 경쟁력을 확보해야 한다.

- **소비자의 기대치** : 소비자가 지불할 의향이 있는 가격을 분석해야 한다.

예를 들어, 스타벅스의 커피 가격은 일반 커피전문점 커피보다 높지만, 고급스러운 브랜드 이미지, 프리미엄 원두 사용, 매장의 분위기 등을 고려하면 소비자들은 그 가격을 지불할 가치가 있다고 느낀다. 반면, 다이소 같은 저가 브랜드는 가격 경쟁력을 강점으로 삼아 시장을 공략한다.

가격 전략에는 여러 가지 방법이 있다.

- **고급 가격 전략** : 명품 브랜드처럼 높은 가격을 유지하여 희소성과 가치를 강조하는 방식.
- **침투 가격 전략** : 신제품을 낮은 가격에 제공해 시장 점유율을 빠르게 확보하는 방식.
- **할인 및 프로모션 전략** : 일정 기간 동안 가격을 낮춰 소비자의 구매를 유도하는 방식.

3. 유통 : 제품을 소비자에게 전달하는 과정

유통은 제품이 고객에게 도달하는 경로를 의미한다. 소비자가 원하는 제품을 적절한 시점에, 편리한 방식으로 구매할 수 있도록 하는 것이 핵심이다.

기업은 다음과 같은 유통 전략을 활용할 수 있다.

- **직접 판매** : 기업이 소비자에게 직접 판매하는 방식. 예) 애플 스토어, 브랜드 공식 웹사이트.
- **소매 유통** : 대형 마트, 백화점, 브랜드 전문 매장 등을 통해 제품을 판매하는 방식. 예) 유니클로, 나이키.
- **온라인 유통** : 인터넷을 통해 제품을 판매하는 방식. 예) 쿠팡, 마켓컬리, 아마존.
- **프랜차이즈 및 대리점** : 가맹점을 통해 판매망을 확장하는 방식. 예) 스타벅스, 맥도날드.

최근에는 온라인 쇼핑과 옴니채널(Omnichannel) 전략이 중요해지고 있다. 소비자들은 모바일 앱, 웹사이트, 오프라인 매장을 자유롭게 오가며 제품을 구매하는 것을 원한다. 예를 들어, 이케아는 온라인에서 제품을 보고 오프라인 매장에서 직접 체험할 수 있도록 하여 고객 경험을 극대화한다.

4. 촉진 : 소비자가 제품을 알게 하고 구매하도록 유도하는 활동

촉진은 제품을 소비자에게 알리고, 관심을 유도하며, 최종적으로 구매까지 이어지도록 하는 마케팅 활동이다. 이를 위해 기업은 다양한 광고, 홍보, 프로모션 전략을 사용한다.

대표적인 촉진 전략은 다음과 같다.

- **광고** : TV, 유튜브, SNS, 라디오, 잡지 등을 활용해 제품을 홍보하는 방식. 예) 코카콜라의 대형 광고 캠페인.
- **판매 촉진** : 할인, 1+1 이벤트, 무료 샘플 등을 제공하여 소비자의 구매를 유도하는 방식. 예) 편의점의 2+1 행사.
- **홍보** : 언론 보도, 이벤트, 사회 공헌 활동 등을 통해 브랜드 이미지를 구축하는 방식. 예) 기업이 환경 보호 캠페인에 참여하는 것.
- **디지털 마케팅** : SNS, 검색 광고, 이메일 마케팅 등을 활용하는 방식. 예) 인스타그램에서 인플루언서를 활용한 제품 홍보.

특히, 최근에는 SNS와 유튜브 마케팅이 중요해지고 있다. 많은 기업이 인플루언서와 협업해 자연스럽게 제품을 노출하거나, 소비자 참여형 콘텐츠(예 : 해시태그 챌린지)를 통해 브랜드 인지도를 높인다.

마케팅 믹스(4P)는 제품(Product), 가격(Price), 유통(Place), 촉진(Promotion)이라는 네 가지 요소를 조화롭게 활용하여 소비자가 원하는 가치를 효과적으로 전달하는 전략이다.

기업은 소비자가 원하는 제품을 개발하고, 적절한 가격을 책정하며, 효율적인 유통망을 구축하고, 효과적인 마케팅을 통해 제품을 알리는 것이 중요하다. 4P 전략을 잘 활용하면 기업은 시장에서 경쟁력을 갖추고, 소비자와의 신뢰를 구축할 수 있다.

04

디지털 마케팅과 최신 마케팅 트렌드

디지털 시대가 도래하면서 기업들의 마케팅 방식도 급격히 변화하고 있다. 과거에는 TV, 신문, 라디오 등의 전통적인 광고 매체를 통해 제품과 서비스를 홍보했지만, 이제는 인터넷과 모바일 중심의 디지털 마케팅이 가장 중요한 마케팅 전략으로 자리 잡았다. 디지털 마케팅이란 온라인과 모바일 플랫폼을 활용해 소비자에게 제품과 브랜드를 효과적으로 알리는 활동을 의미하며, 데이터를 기반으로 보다 정교한 전략을 실행할 수 있다는 것이 가장 큰 특징이다.

디지털 마케팅의 핵심 요소

디지털 마케팅은 다양한 채널과 전략으로 구성되어 있으며, 기업들은 이를 활용해 브랜드 인지도를 높이고 소비자의 구매를 유도한다.

1. 검색 엔진 최적화(SEO, Search Engine Optimization)

SEO는 구글, 네이버 같은 검색 엔진에서 특정 키워드로 검색했을 때 기업의 웹사이트가 상위에 노출되도록 하는 전략이다. 예를 들어, 만약 한 커피 브랜드가 "서울에서 가장 맛있는 커피"라는 키워드로 검색했을 때 최상위에 노출된다면, 소비자들은 자연스럽게 그 브랜드에 관심을 갖게 될 것이다. SEO를 잘 활용하면 광고비를 들이지 않고도 효과적인 홍보가 가능하다.

2. 검색 엔진 마케팅(SEM, Search Engine Marketing)

SEO가 자연 검색 결과에서 상위에 노출되도록 하는 전략이라면, SEM은 유료 광고를 활용해 검색 결과의 최상단에 기업의 광고를 노출하는 방식이다. 예를 들어, 구글에서 "노트북 추천"을 검색했을 때 최상단에 '광고' 표시가 있는 사이트가 바로 SEM을 활용한 사례다.

3. SNS 마케팅(Social Media Marketing)

페이스북, 인스타그램, 유튜브, 틱톡 같은 SNS 플랫폼에서 제품을 홍보하는 방식이다. 최근에는 단순한 광고보다는 인플루언서 마케팅(Influencer Marketing)이 더욱 효과적인 전략으로 떠오르고 있다. 예를 들어, 유명 유튜버가 한 패션 브랜드의 신제품을 입고 리뷰하면, 그 영상이 소비자의 구매 결정에 큰 영향을 미칠 수 있다.

4. 콘텐츠 마케팅(Content Marketing)

기업이 단순히 제품 광고를 하는 것이 아니라, 소비자에게 유용한 정보를 제공하며 자연스럽게 브랜드를 알리는 전략이다. 예를 들어, 한 화장품 브랜드가 "피부 타입별 스킨케어 방법"이라는 블로그 글을 작성하면, 독자들은 그 내용을 읽으며 해당 브랜드의 제품에 관심을 갖게 된다. 블로그, 뉴스레터, 유튜브 영상, 인스타그램 스토리 등이 콘텐츠 마케팅의 대표적인 예시다.

5. 이메일 마케팅(Email Marketing)

고객에게 직접 이메일을 보내 할인 쿠폰이나 제품 정보를 제공하는 전략이다. 이메일 마케팅은 오래된 방식이지만 여전히 효과적인 방법으로, 특히 기존 고객을 유지하는 데 중요한 역할을 한다.

6. 퍼포먼스 마케팅(Performance Marketing)

디지털 광고의 가장 큰 장점은 모든 결과를 수치로 측정할 수 있다는 것이다. TV 광고와 달리, 온라인 광고는 광고를 본 사람이 몇 명인지, 실제로 구매로 이어진 비율은 얼마인지 등의 데이터를 분석해 광고 전략을 최적화할 수 있다.

최신 디지털 마케팅 트렌드

디지털 환경이 빠르게 변화하면서 새로운 마케팅 전략도 등장하고 있다.

1. 쇼트폼(Short-form) 콘텐츠의 인기

틱톡, 유튜브 쇼츠, 인스타그램 릴스와 같은 짧은 동영상(15~60초)이 최근 가장 효과적인 마케팅 수단으로 자리 잡았다. 소비자들은 긴 글보다 짧고 임팩트 있는 영상을 선호하기 때문에 기업들은 이러한 쇼트폼 콘텐츠를 활용해 브랜드를 홍보하고 있다.

2. AI(인공지능) 기반 마케팅

AI는 디지털 마케팅에서도 중요한 역할을 한다. 예를 들어, 넷플릭스와 같은 스트리밍 서비스는 AI를 활용해 소비자가 좋아할 만한 콘텐츠를 추천하고, 이를 통해 이용자의 충성도를 높인다. 또한, AI 챗봇을 활용해 고객 문의를 자동으로 응대하는 기업들도 늘어나고 있다.

3. 메타버스 마케팅

메타버스(가상현실 공간)에서 브랜드를 홍보하는 방식도 점점 주목받고 있다. 예를 들어, 나이키는 메타버스 플랫폼에서 가상 운동화를 판매하며 소비자들과 소통하고 있다. Z세대와 밀레니얼 세대를 겨냥한 신개념 마케팅 방식이다.

4. 구독 경제(Subscription Economy)의 성장

넷플릭스, 쿠팡 로켓와우, 애플뮤직처럼 일정 금액을 지불하고 정기적으로 서비스를 이용하는 구독 경제 모델이 점점 확산되고 있다. 기업들은 정기 구독 모델을 통해 안정적인 매출을 확보하고, 고객과의 장기적인 관계를 형성할 수 있다.

5. 소셜 커머스(Social Commerce)의 확대

이제 소비자들은 인스타그램이나 틱톡 같은 SNS에서 제품을 보고 바로 구매하는 경우가 많아졌다. 이를 반영해 기업들은 SNS 플랫폼과 연계한 커머스 기능을 강화하고 있다. 예를 들어, 인스타그램에서 '쇼핑하기' 버튼을 누르면 바로 제품을 구매할 수 있도록 하는 방식이다.

6. 친환경 마케팅(Eco-friendly Marketing)

지속 가능성과 친환경 이슈가 중요해지면서, 기업들은 친환경 제품을 강조하는 마케팅을 강화하고 있다. 예를 들어, 스타벅스는 플라스틱 빨대를 없애고, 리유저블 컵을 제공하는 등 친환경 브랜드 이미지를 구축하고 있다.

디지털 마케팅은 빠르게 변화하며, 기업들은 끊임없이 새로운 전략을 도입해야 한다. SEO, SNS 마케팅, 인플루언서 마케팅, AI 기반 추천 시스템 등 다양한 기법을 활용하면 효율적으로 소비자와 소통하고 브랜드를 성장시킬 수 있다.

특히, 최신 트렌드인 쇼트폼 콘텐츠, 메타버스 마케팅, 구독 경제, 친환경 마케팅 등을 적절히 활용하면 기업들은 더욱 효과적으로 소비자들에게 다가갈 수 있다. 앞으로 디지털 마케팅의 중요성은 더욱 커질 것이며, 성공적인 마케팅 전략을 위해 데이터 분석과 소비자 트렌드 파악이 필수가 될 것이다.

05

브랜드 전략과 고객 관계 관리(CRM)

브랜드 전략이란?

기업이 소비자에게 전달하고 싶은 가치, 이미지, 메시지를 체계적으로 구축하는 과정이 브랜드 전략이다. 쉽게 말해, 브랜드 전략이란 소비자가 브랜드를 보고 무엇을 떠올리게 만들 것인가를 설계하는 과정이다. 단순한 로고나 광고가 아니라, 브랜드의 철학과 감성을 소비자에게 전달하는 것이 핵심이다.

예를 들어, 애플(Apple) 하면 떠오르는 것은 무엇일까? 단순한 스마트폰이 아니라 혁신적이고 세련된 디자인, 프리미엄 감성, 사용자 친화적인 인터페이스 같은 이미지가 떠오를 것이다. 애플은 브랜드 전략을 통해 소비자들에게 '기술과 감성을 결합한 고급 브랜드'라는 인식을 심어주었다. 반면, 샤오미(Xiaomi)는 '가성비 좋은 혁신적인 기술'이라는 브랜드 이미지를 구축했다. 같은 IT 기업이지만, 브랜드 전략이 완전히 다르다.

브랜드 전략의 핵심 요소

1. 브랜드 아이덴티티(Brand Identity)

브랜드가 소비자들에게 전달하고 싶은 핵심 가치를 의미한다. 예를 들어, 스타벅스는 단순한 커피 브랜드가 아니라, '편안한 공간, 고품질 커피, 지속 가능성'을 강조하는 브랜드 아이덴티티를 갖고 있다.

2. 브랜드 포지셔닝(Brand Positioning)

시장 내에서 브랜드가 어떤 위치를 차지할 것인지 결정하는 과정이다. 나이키(Nike)와 아디다스(Adidas)를 비교해보자. 나이키는 '운동선수의 도전 정신'을 강조하는 반면, 아디다스는 '패션과 스포츠의 결합'을 강조한다. 같은 스포츠 브랜드라도 포지셔닝 전략이 다르다.

3. 브랜드 스토리(Brand Story)

소비자들은 단순한 제품이 아니라 스토리가 있는 브랜드를 좋아한다. 예를 들어, 테슬라(Tesla)는 전기차 브랜드이지만, 단순한 친환경 자동차가 아니라 '미래를 변화시키는 혁신적인 기업'이라는 스토리를 강조한다. 이런 브랜드 스토리가 소비자들에게 깊은 인상을 남긴다.

4. 일관된 브랜드 커뮤니케이션

소비자들이 브랜드를 접할 때마다 일관된 경험을 하도록 해야 한다. 예를 들어, 코카콜라(Coca-Cola)는 언제 어디서든 '즐거움과 행복'을 강조하는 광고와 디자인을 유지한다. 브랜드 컬러(빨간색), 광고 슬로건, 패키지 디자인 등이 항상 일관성을 유지한다.

고객 관계 관리(CRM)란?

CRM(Customer Relationship Management, 고객 관계 관리)은 단순한 마케팅이 아니라, 고객과의 장기적인 관계를 유지하는 전략이다. 소비자들이 한 번 제품을 사고 끝나는 것이 아니라, 반복 구매와 충성도를 높이는 것이 CRM의 목표다.

1. 기존 고객을 유지하는 것이 더 중요하다

새로운 고객을 유치하는 비용은 기존 고객을 유지하는 비용보다 5배 더 비싸다는 연구 결과가 있다. 그렇기 때문에, 기업들은 한 번 구매한 고객을 다시 찾아오게 만드는 전략이 중요하다.

2. CRM의 핵심 전략

- 고객 데이터를 활용한 맞춤 마케팅

기업들은 고객의 구매 기록, 관심사, 행동 패턴을 분석해 개인 맞춤형 마케팅을 한다. 예를 들어, 넷플릭스(Netflix)는 고객이 시청한 콘텐츠를 분석해, '당신이 좋아할 만한 콘텐츠'를 추천한다. 이렇게 맞춤형 서비스를 제공하면 고객들은 더욱 충성도를 가지게 된다.

- **로열티 프로그램과 멤버십 서비스**

고객이 계속 브랜드를 이용하도록 유도하는 프로그램이다. 예를 들어, 스타벅스 리워드(Starbucks Rewards)는 일정 금액 이상 구매하면 무료 음료를 제공하는 방식으로 고객을 유치한다. 쿠팡 로켓와우도 멤버십 서비스로 고객 충성도를 높이고 있다.

- **소셜 미디어와 고객 소통**

소셜 미디어를 활용해 고객과 직접 소통하는 것도 CRM의 핵심이다. 예를 들어, 나이키(Nike)는 인스타그램에서 고객과 소통하며 브랜드 커뮤니티를 형성하고 있다. 기업이 단순히 제품을 판매하는 것이 아니라, 고객과의 관계를 형성하는 것이 중요하다.

- **고객 피드백을 반영한 서비스 개선**

소비자의 피드백을 적극 반영하는 브랜드는 충성 고객을 확보할 가능성이 크다. 예를 들어, 삼성(Samsung)은 고객 의견을 반영해 갤럭시 스마트폰의 기능을 꾸준히 개선하고 있다. 소비자들이 "이 브랜드는 내 의견을 반영해준다"는 신뢰를 갖게 되면 자연스럽게 브랜드 충성도가 높아진다.

브랜드 전략과 CRM의 관계

1. 강력한 브랜드 전략 + 효과적인 CRM = 충성 고객 확보

브랜드 전략과 고객 관계 관리는 따로 떼어놓을 수 없는 개념이다. 브랜드 전략이 강력해야 고객이 브랜드에 관심을 갖고, CRM이 효과적이어야 고객이 브랜드에 충성도를 가진다.

예를 들어, 애플(Apple)은 브랜드 전략을 통해 "프리미엄 브랜드"라는 인식을 심어주었고, CRM을 통해 고객들이 계속 애플 제품을 구매하도록 유도한다. 애플스토어에서 고객을 위한 서비스를 제공하고, 애플 ID로 모든 기기를 연동하며, 새로운 제품을 쉽게 구매하도록 만든다.

반대로 브랜드 전략이 약하면 소비자들은 쉽게 브랜드를 잊어버리고, CRM이 부족하면 한 번 구매한 고객이 다시 찾지 않게 된다.

강력한 브랜드 전략과 효과적인 CRM을 결합하면 기업은 지속적인 성장과 고객 충성도를 확보할 수 있다.

- 브랜드 전략은 소비자에게 브랜드의 가치를 전달하는 과정
- CRM은 브랜드에 대한 충성도를 높이고 반복 구매를 유도하는 과정

두 가지 요소를 함께 활용하면, 단순한 제품 판매를 넘어 소비자와의 깊은 관계를 형성하는 브랜드가 될 수 있다.

6장

재무 관리와 회계

재무 관리의 기초 개념

기업이 운영되기 위해서는 자금이 필요하다. 제품을 만들고, 마케팅을 하고, 직원들에게 급여를 지급하는 모든 과정에 돈이 들어간다. 하지만 단순히 돈을 많이 버는 것만이 중요한 것이 아니다. 어떻게 돈을 효율적으로 관리하고, 위험을 줄이며, 지속적으로 성장할 수 있는가가 바로 재무 관리의 핵심이다.

재무 관리란 무엇인가?

재무 관리(Financial Management)란 기업이 보유한 자금을 효과적으로 운영하고, 투자와 비용을 조절하며, 장기적인 수익성을 극대화하는 활동을 의미한다. 기업이 지속적으로 성장하고 안정적인 운영을 유지하려면 자금 조달, 예산 관리, 투자 의사결정, 위험 관리 등 다양한 요소를 고려해야 한다.

예를 들어, 스타트업을 운영하는 한 대표가 있다고 가정해보자. 초기에는 투자자나 은행에서 자금을 빌려 회사를 운영하지만, 자금이 부족하면 사업을 확장하기 어려울 것이다. 반대로, 돈이 많다고 무리하게 확장하면 비용이 감당되지 않아 기업이 흔들릴 수도 있다. 따라서 기업의 현재 재무 상태를 분석하고, 장기적인 계획을 세우는 것이 중요하다.

재무 관리의 주요 요소

1. 자금 조달

기업이 운영되기 위해 필요한 돈을 확보하는 과정이다. 기업은 자금을 조달하기 위해 크게 부채 조달(은행 대출, 채권 발행)과 자본 조달(주식 발행, 투자 유치) 두 가지 방법을 활용한다. 예를 들어, 쿠팡은 초기 자금을 유치하기 위해 해외 투자자로부터 큰 규모의 투자를 받았고, 테슬라는 주식을 발행해 자금을 확보했다.

2. 예산 관리

기업의 수입과 지출을 계획적으로 관리하는 것이다. 단순히 돈을 많이 버는 것이 아니라, 얼마를 어디에 써야 하는지를 명확히 하는 것이 중요하다. 예산을 잘못 설정하면 필요한 곳에 돈이 부족해지고, 불필요한 곳에 낭비될 수 있다.

3. 현금 흐름 관리

기업이 돈을 얼마나 벌고, 쓰고, 보유하고 있는지를 파악하는 과정이다. 예를 들어, 매출이 높더라도 현금이 부족하면 직원 급여나 원자재 구입비를 지불하지 못해 운영이 어려워질 수 있다. 현금 흐름이 원활하지 않으면 아무리 큰 기업이라도 망할 수 있다. 따라서 기업은 현금 유동성을 유지하기 위해 자금 조달과 지출 계획을 철저히 관리해야 한다.

4. 투자 의사결정

기업이 장기적으로 성장하려면 어디에 투자할 것인가를 잘 결정해야 한다. 예를 들어, 삼성전자는 반도체 산업에 대규모 투자를 하면서 세계적인 반도체 기업으로 성장했다. 반면, 노키아는 스마트폰 시장에 대한 투자 결정을 미루면서 결국 시장에서 사라졌다. 성공적인 투자는 기업의 미래 경쟁력을 좌우하며, 잘못된 선택은 치명적인 결과를 초래할 수 있다.

5. 위험 관리

모든 비즈니스에는 위험이 따른다. 경제가 불안정해지거나, 예상치 못한 문제가 발생하면 기업은 큰 타격을 받을 수 있다. 따라서 미리 위험을 분석하고 대비하는 것이 중요하다. 예를 들어, 기업이 외환 변동으로 인해 손해를 볼 수 있다면, 미리 환율 변동 대비 전략을 세워야 한다.

재무 관리를 잘해야 기업이 성공한다

1. 실패 사례 : 자금 조달을 잘못한 기업

한때 급성장했던 한 스타트업은 대규모 투자를 받았지만, 무리한 확장으로 자금을 효율적으로 사용하지 못해 결국 파산했다. 처음에는 광고와 마케팅에 많은 돈을 쏟아부었지만, 예상보다 수익이 나지 않아 투자금이 빠르게 소진되었고, 추가 자금을 유치하지 못하면서 회사는 문을 닫게 되었다.

2. 성공 사례 : 현금 흐름을 철저히 관리한 기업

반면, 유니클로(UNIQLO)는 코로나19 팬데믹 기간에도 탄탄한 재무 관리 덕분에 안정적인 경영을 유지했다. 유니클로는 불필요한 비용을 줄이고, 현금 흐름을 철저히 관리하여 위기 속에서도 높은 수익을 유지했다.

기업뿐만 아니라 개인에게도 중요한 재무 관리

재무 관리는 기업뿐만 아니라 개인에게도 중요하다. 많은 사람들이 월급을 받으면 계획 없이 소비하고, 모으는 돈 없이 생활하다가 갑작스러운 경제적 위기에 직면하기도 한다.

기업과 마찬가지로 개인도 수입과 지출을 계획하고, 비상금을 준비하며, 장기적인 재무 목표를 설정해야 한다. 예를 들어, 소득의 일정 부분을 저축하고, 투자하는 습관을 들이면 재정적으로 안정적인 삶을 유지할 수 있다.

재무 관리는 단순히 돈을 벌고 쓰는 것이 아니라, 자금을 효과적으로 운영하여 기업이 지속적으로 성장할 수 있도록 돕는 핵심 요소이다.

- 자금을 조달하고, 예산을 관리하며, 투자 의사결정을 잘해야 기업이 성공할 수 있다.
- 현금 흐름을 철저히 관리하지 않으면 기업이 망할 수도 있다.
- 위험 요소를 미리 분석하고 대비하는 것이 중요하다.

기업뿐만 아니라 개인도 재무 관리를 잘해야 경제적으로 안정적인 삶을 유지할 수 있다. 효율적인 재무 관리가 곧 성공적인 비즈니스의 핵심 열쇠이다.

회계의 기본 원리와 재무제표 분석

기업을 운영하려면 돈이 어떻게 들어오고 나가는지를 명확히 파악해야 한다. 이를 기록하고 분석하는 것이 회계(Accounting)다. 회계는 단순한 숫자 정리가 아니라, 기업의 재무 상태를 정확하게 파악하고 전략적 의사결정을 내리는 데 중요한 역할을 한다.

회계란 무엇인가?

회계는 기업이 벌어들인 수익, 사용한 비용, 남은 자산 등을 기록하고 관리하는 과정이다. 단순히 돈의 흐름을 정리하는 것이 아니라, 기업이 얼마나 건강한지, 수익을 얼마나 내고 있는지, 미래 성장을 위해 얼마나 투자할 수 있는지를 파악하는 핵심 도구다.

예를 들어, 한 카페 사장이 있다고 가정해보자. 한 달 동안 커피를 판매해서 1,000만 원을 벌었고, 원두와 우유, 직원 급여 등으로 700

만 원을 사용했다. 그렇다면 카페의 순이익(=매출 - 비용)은 300만 원이다. 이처럼 회계는 기업의 모든 재무 활동을 체계적으로 정리하는 과정이다.

회계의 기본 원리 : 복식부기

회계에서 가장 중요한 개념 중 하나가 복식부기다. 이는 모든 거래가 두 개의 계정에 영향을 미친다는 원칙이다.

예를 들어, 카페 사장이 원두를 100만 원어치 구매했다고 하자. 이때 현금 계정(-100만 원)과 재고 자산 계정(+100만 원)이 동시에 변한다. 즉, 돈이 나간 만큼 자산이 증가하는 것이다.

복식부기의 원칙에 따라 모든 거래는 차변과 대변으로 나뉜다.

- **차변** : 돈이 들어오거나(자산 증가) 비용이 발생할 때
- **대변** : 돈이 나가거나(부채 증가) 수익이 발생할 때

이 방식으로 기록하면 회계 오류를 줄일 수 있고, 기업의 재정 상태를 보다 정확하게 파악할 수 있다.

재무제표란 무엇인가?

기업의 재무 상태를 한눈에 보여주는 것이 재무제표(Financial Statements)다. 재무제표는 기업이 얼마를 벌고, 얼마를 썼으며, 현재

자산과 부채가 어떻게 구성되어 있는지를 보여주는 중요한 자료다.

재무제표는 크게 세 가지로 나뉜다.

- **손익계산서** : 기업의 수익과 비용을 정리한 문서
- **재무상태표** : 기업이 보유한 자산과 부채, 자본의 상태를 나타내는 문서
- **현금흐름표** : 기업의 현금 유입과 유출을 보여주는 문서

손익계산서 : 기업의 성적표

손익계산서는 기업이 일정 기간 동안 얼마나 벌고(매출), 얼마나 지출했는지(비용)를 보여준다. 결국 순이익이 얼마나 남았는지가 핵심이다.

예를 들어, 한 달 동안 카페가 다음과 같은 수익과 비용을 기록했다고 하자.

항목	금액(원)
매출(커피 판매)	10,000,000
원가(원두, 우유 등)	3,000,000
임대료	2,000,000
직원 급여	2,500,000
광고비	500,000
순이익	2,000,000

이 카페는 한 달 동안 200만 원의 순이익을 냈다. 손익계산서를 보면 어떤 비용이 많이 들었고, 이익을 더 늘리려면 어디를 조정해야 하는지를 쉽게 파악할 수 있다.

재무상태표 : 기업의 재산을 한눈에

재무상태표는 특정 시점에서 기업이 얼마만큼의 자산을 보유하고 있고, 그 자산이 어디에서 온 것인지(부채와 자본)를 나타낸다.

- **자산** : 기업이 소유한 것(현금, 건물, 기계, 재고 등)
- **부채** : 기업이 갚아야 할 돈(대출, 외상값 등)
- **자본** : 자산에서 부채를 뺀 금액, 즉 기업의 순자산

예를 들어, 한 카페의 재무상태표가 다음과 같다고 하자.

항목	금액(원)
자산	50,000,000
부채(대출금)	20,000,000
자본(순자산)	30,000,000

이 카페는 총 5천만 원의 자산을 보유하고 있고, 그중 2천만 원은 빌린 돈이며, 나머지 3천만 원은 순수하게 카페의 자본이다.

현금흐름표 : 돈이 어디로 움직이는가

현금흐름표는 기업의 현금이 어떻게 들어오고 나가는지를 보여준다.

- **영업활동 현금흐름** : 커피를 팔아서 번 돈
- **투자활동 현금흐름** : 새로운 커피 머신을 사기 위해 쓴 돈
- **재무활동 현금흐름** : 은행 대출을 받아 들어온 돈

현금흐름표를 보면, 회사가 실제로 돈을 벌고 있는지, 아니면 장부상으로만 흑자를 기록하고 있는지를 알 수 있다.

회계의 중요성 : 기업 운영의 필수 도구

회계는 단순히 숫자를 정리하는 것이 아니다. 기업이 올바른 의사결정을 내릴 수 있도록 도와주는 핵심 도구다.

- **투자 유치** : 투자자들은 회계 정보를 보고 기업의 가치를 평가한다.
- **경영 전략 수립** : 기업은 회계 데이터를 기반으로 미래 전략을 세운다.
- **세금 및 법률 준수** : 회계 기록은 세금 신고와 법적 규정을 준수하는 데 필수적이다.

회계는 기업의 재무 상태를 명확하게 정리하고, 수익성을 분석하며, 미래 성장을 계획하는 데 필수적인 역할을 한다.

- 손익계산서로 기업이 얼마나 벌고 있는지 확인할 수 있다.
- 재무상태표로 기업의 자산과 부채를 한눈에 파악할 수 있다.
- 현금흐름표로 기업의 현금 흐름이 건강한지 분석할 수 있다.

회계를 이해하면 기업의 실체를 꿰뚫어 볼 수 있다. 좋은 사업가는 숫자를 읽을 줄 아는 사람이다.

03

기업 가치 평가와 투자 의사결정

기업 가치 평가란 회사가 현재 얼마의 가치를 가지고 있는지를 분석하는 과정이다. 이는 투자자, 경영진, 주주들에게 매우 중요한 개념으로, 기업이 앞으로 성장할 가능성이 있는지, 투자할 만한 가치가 있는지를 판단하는 데 필수적이다.

기업 가치를 평가하는 방법에는 여러 가지가 있으며, 이를 바탕으로 투자 의사결정이 이루어진다. 예를 들어, 한 기업이 성장 가능성이 높다면 투자자는 해당 기업의 주식을 매수할 것이고, 반대로 재무 상태가 불안정하거나 성장성이 낮다면 투자를 망설일 것이다. 그렇다면 기업 가치는 어떻게 평가하며, 투자 의사결정은 어떤 과정을 거쳐 이루어질까?

기업 가치 평가 방법

1. **자산 기반 평가** - 기업이 보유한 자산(현금, 부동산, 공장 등)과 부채를 고려하여 순자산가치를 평가하는 방식이다. 제조업이나 부동산이 많은 기업의 가치 평가에 유용하지만, 브랜드 가치나 기술력이 중요한 IT 기업에는 적합하지 않다.

2. **수익 기반 평가** - 기업의 미래 수익 창출 가능성을 분석하는 방법이다. 대표적인 지표로는 PER(주가수익비율)과 EV/EBITDA(기업가치 대비 영업이익 비율)가 있으며, 특히 스타트업이나 IT 기업처럼 미래 성장성이 높은 기업을 평가할 때 유용하다.

3. **시장 기반 평가** - 동종 업계 내 유사한 기업들의 가치를 비교하여 평가하는 방식이다. 예를 들어, 인수합병(M&A) 시 기업의 시장 가치를 평가할 때 사용된다. 그러나 시장의 변동성과 업계 평판에 영향을 받을 가능성이 높다.

투자 의사결정 과정

1. 투자 목표 설정

- **단기** vs. **장기 투자** : 빠른 수익을 목표로 할 것인가, 장기적인

성장을 바라볼 것인가?

- **위험 감수 수준** : 고위험·고수익 전략을 취할 것인가, 안정적인 투자 방식을 선택할 것인가?

2. 위험 분석

- **시장 위험** : 경기 변동, 금리 변화 등 외부 요인
- **재무 위험** : 기업의 부채 비율, 현금 흐름 등 내부 요인
- **산업 위험** : 해당 산업의 성장 가능성과 경쟁 상황

3. 투자 실행과 지속적인 관리

- **재무제표 분석** : 수익성, 성장성, 부채 비율 등을 정기적으로 점검
- **시장 동향 파악** : 새로운 경쟁자의 등장, 산업 변화 등의 모니터링
- **포트폴리오 조정** : 필요 시 보유 주식을 매도하거나 새로운 기업에 투자

기업 가치 평가와 투자 의사결정의 중요성

기업 가치를 정확히 평가하면 리스크를 줄이고 성공적인 투자 기회를 확보할 수 있다. 예를 들어, 테슬라는 수익성이 낮았던 초기에도 전기차 시장의 성장 가능성이 높게 평가되어 투자자들이 몰렸다. 반면, 한때 강력한 기업이었던 노키아는 시장 변화에 적응하지 못해 기업 가치가 하락하며 경쟁에서 밀려났다.

기업 가치는 투자뿐만 아니라 기업 운영에도 중요한 역할을 한다.

1. 정확한 가치 평가를 통해 자산, 수익, 시장을 기반으로 기업의 현재 상태를 분석할 수 있다.
2. 투자 목표와 리스크를 고려한 전략적 의사결정이 이루어져야 한다.
3. 기업 운영자도 자신의 기업 가치를 높이기 위한 전략을 수립하고, 지속적인 성장 기반을 마련해야 한다.

기업 가치 평가는 단순한 숫자가 아니라, 기업의 미래를 결정짓는 핵심 요소다. 투자자와 기업 경영진 모두 이를 이해하고 활용해야 성공적인 의사결정을 내릴 수 있다.

일 잘하는 사람들의 비밀 노트 03
처음부터 배우는 경영학

초판 1쇄 발행 2025년 3월 30일

지은이 백광석
펴낸이 백광석
펴낸곳 다온길

출판등록 2018년 10월 23일 제2018-000064호
전자우편 baik73@gmail.com

ISBN 979-11-6508-647-3 (13320)